Luzides Träumen

Das Praxisbuch – Schritt für Schritt zum ersten Klartraum

Lorina Blumenberg

Alle Ratschläge in diesem Buch wurden vom Autor und vom Verlag sorgfältig erwogen und geprüft. Eine Garantie kann dennoch nicht übernommen werden. Eine Haftung des Autors beziehungsweise des Verlags für jegliche Personen-, Sach- und Vermögensschäden ist daher ausgeschlossen.

Email: info@edition-lunerion.de
www.edition-lunerion.de

Psiana eCom UG
Berumer Str. 44
26844 Jemgum

INHALT

Das erwartet dich in diesem Buch

Bestimmt hast auch du irgendwelche Wünsche, Träume und Ziele, die weit entfernt zu sein scheinen. Wer hat das schon nicht? Manche dieser Wunschvorstellungen werden irgendwann zur Realität, wenn du nur genug dafür tust und stets an deinen Zielen arbeitest. Einige deiner Wünsche werden sich jedoch leider niemals erfüllen. Das liegt nicht daran, dass du nicht das nötige Durchhaltevermögen besitzt, um an diesen Wünschen festzuhalten und niemals aufzugeben, sondern daran, dass es einfach tatsächlich Wunschvorstellungen gibt, die nicht erfüllt werden können, weil sie unrealistisch sind.

Ich spreche von Vorstellungen wie beispielsweise auf einem anderen Planeten leben zu wollen, unter Wasser atmen zu können oder eine Zeitreise zu machen. Jeder von uns hat Vorstellungen, die in diese Richtung gehen und die leider auch weiterhin, nichts als Vorstellungen bleiben werden.

Doch was wäre, wenn ich dir sage, dass es vielleicht doch eine Möglichkeit gäbe, auf einem anderen Planeten zu wohnen, neue Welten zu erschaffen, unter Wasser zu atmen, in einem Schloss zu leben oder wie ein Vogel durch die Gegend zu fliegen? Was wenn es eine Möglichkeit gäbe, all diese scheinbar unrealistischen Wünsche wahr werden zu lassen? Du fragst dich, wie das möglich sein soll? Die Antwort auf deine Frage findest du, wenn du dieses Buch liest. Der Schlüssel zur Erfüllung deiner Wünsche, ist nämlich das luzide Träumen.

In diesem Ratgeber erfährst du, was das luzide Träumen ist, wie es funktioniert und wie du es Schritt für Schritt erlernen kannst. Denn wenn du es einmal gelernt hast, dann steht diesen ganzen Wünschen und Zielen, die auf den ersten Blick nicht erreichbar scheinen, nichts mehr im Wege. Denn das Erreichen unserer Ziele und das Erfüllen unserer Wünsche, ist doch das, was wir im Leben anstreben. Wenn wir das schaffen, sind wir viel glücklicher. Und ist Glück nicht das größte Ziel eines jeden Menschen?

Ein kleiner Überblick

WAS IST DAS LUZIDE TRÄUMEN ÜBERHAUPT?

Bevor du damit beginnen kannst, zu lernen, selber ein luzider Träumer zu werden, solltest du zunächst erst mal verstehen, was luzides Träumen überhaupt ist und wie genau es funktioniert.

Normalerweise legen wir uns schlafen, träumen eventuell irgendwas, ohne zu wissen, dass wir gerade träumen, und wachen wieder auf. Wenn wir Glück haben, erinnern wir uns an den Traum. Oft bleiben aber nur noch kleine Erinnerungsfetzen übrig und wir können diese Fetzen in keinen Zusammenhang bringen.

Manchmal haben wir Albträume, wachen schweißgebadet auf und ärgern uns über uns selbst, weil wir quasi grundlos so eine riesen Angst hatten. Wir fragen uns, wieso wir nicht verstanden haben, dass der dreiköpfige grüne Mann, der uns gejagt hat und uns umbringen wollte, gar nicht hätte echt sein können und wir bloß geträumt haben.

Als luzider Träumer läuft das Ganze etwas anders ab. Denn bei einem luziden Traum ist man in der Lage, zu erkennen, dass man sich in einem Traum und nicht in der Wachwelt befindet. Man hat ein klares Bewusstsein. Nichts ist verschwommen, sondern klar und deutlich, weshalb das luzide Träumen auch Klarträumen genannt wird. Doch das ist längst noch nicht alles. Durch dieses klare Bewusstsein und das Wissen, dass man gerade träumt, kann man die Kontrolle über seine Träume ergreifen und diese so gestalten und lenken, wie man möchte.

Man wird zum Herrscher über seine Träume und somit auch über sein Unterbewusstsein. Alles um einen herum wird plötzlich veränderbar und man ist nicht mehr hilflos irgendwelchen merkwürdigen oder sogar beängstigenden Situationen ausgeliefert, weil man selber bestimmt, wie diese Traumsituationen aussehen.

Vielleicht klingt diese Fähigkeit, seine Träume kontrollieren zu können, im ersten Moment für dich nicht allzu besonders. Was ist schon dabei, wenn man weiß, dass man träumt? Na und, dann weiß man es eben. Bedenke jedoch, welche unglaublichen Möglichkeiten sich dir dadurch bieten. Stell dir vor, du könntest in der realen

Welt wirklich alles tun und lassen, was du willst, ohne mit irgendwelchen Konsequenzen rechnen zu müssen. Nicht mehr zur Arbeit gehen, ständig im Urlaub sein, endlich mit deinem Traumpartner zusammenkommen und sogar die Naturgesetze verändern, indem du zum Beispiel einfach in der Luft schweben oder zum Mittelpunkt der Erde reisen kannst.

Wenn du wüsstest, dass so etwas möglich wäre, würdest du doch niemals nein sagen, oder etwa doch? Ich denke nicht. Wieso solltest du also diese einmalige Möglichkeit nicht einfach in deinen Träumen nutzen? Natürlich ist das nicht die reale Welt und natürlich wirst du irgendwann aufwachen und dein echtes Leben weiterleben müssen, aber man sagt doch nicht zu etwas Positivem nein, nur weil es nicht für immer anhält. Du weigerst dich ja schließlich auch nicht, zwei Mal die Woche frei zu haben, nur weil du die restlichen fünf Tage arbeiten musst.

Vielleicht überzeugt dich ja der Gedanke noch nicht, weil du weißt, dass auch ein luzider Traum nur ein Traum ist und dass es keinen Sinn hat, sich in seinen Träumen irgendwelche Wünsche zu erfüllen, weil das alles ja sowieso nicht real ist. Vielleicht denkst du, dass man keinen luziden Traum benötigt, sondern die ganz normale Vorstellungskraft ja auch schon ausreicht, um fliegen oder durch Wände gehen zu können.

Diese Aussage stimmt so nicht. Träume sind viel realistischer, als unsere bloße Vorstellungskraft. Du hast bestimmt schon mal geträumt, dass du fliegen kannst oder dass du dich in einem Traum verletzt hast. Ich bin mir ziemlich sicher, dass sich das Fliegen, genauso wie der Schmerz der Verletzung, sehr echt angefühlt hat, während das nicht der Fall ist, wenn du dir diese Dinge einfach nur vorstellst.

Wenn du in einem luziden Traum eine Tafel Schokolade isst oder an einem warmen Strand liegst, dann löst das in dir die gleichen Glücksgefühle aus wie im echten Leben. Prinzipiell ist es also egal, ob du etwas Schönes träumst oder tatsächlich erlebst. Die Wirkung bleibt die gleiche. Wie muss es dann also erst mal aussehen, wenn du in einem Traum etwas machst, das du schon immer machen wolltest, das im realen Leben aber nicht möglich war? Ich denke, du kannst dir vorstellen, welche Glücksgefühle das in dir auslösen wird.

Auch wenn das Klarträumen also nur in deinem Kopf stattfindet und sich nichts von dem, was du träumst, in Wirklichkeit abspielen wird, ist das Klarträumen keineswegs unnötig. Ganz im Gegenteil: es ist eine neue Herausforderung, die dein Leben um einiges bereichern wird, wenn du gelernt hast, luzid zu träumen und dir somit deine Wünsche zu erfüllen.

WAS KANN MAN DURCH EINEN KLARTRAUM BEWIRKEN?

Den ersten großen Grund, weshalb es sich auf alle Fälle lohnt, sich dem luziden Träumen anzunähern, habe ich dir ja bereits näher gebracht. Ich spreche von der Erfüllung deiner Wünsche und Träume und dem Erreichen deiner scheinbar unrealistischen Ziele.

Doch das ist längst noch nicht alles. Das Klarträumen kann dir dazu dienen, Spaß zu haben und Dinge zu machen, die in der realen Welt gar nicht möglich wären. Diese Dinge werden dir Freude bereiten und für reichliche Glückshormone sorgen. Auf deine Wachwelt werden diese Unternehmungen allerdings keinen großen Einfluss haben, außer dass du dich glücklicher fühlen wirst und es dir dadurch besser gehen wird.

Es besteht jedoch auch die Möglichkeit, deine Traumwelt und deine Wachwelt zu kombinieren. Klingt mal wieder unrealistisch und kompliziert? Das ist es nicht. Mit etwas Übung kannst du das tatsächlich schaffen.

Doch wovon spreche ich überhaupt? Ich rede davon, das Klarträumen dafür zu nutzen, dein Leben in der Wachwelt zu verbessern. Damit du das besser verstehst, erkläre ich es dir anhand eines Beispiels: Nehmen wir mal an, du schreibst gerade an einem neuen Buch. Du bist eigentlich schon fast fertig, aber dir fällt einfach kein passender Schluss ein. Du grübelst und grübelst, kommst aber leider zu keinem Ergebnis, das dich zufriedenstellen würde. Der Schluss für dein Buch fehlt immer noch, während der Abgabetermin immer näher rückt.

Was machst du also, um keine Schwierigkeiten zu bekommen und gerade noch rechtzeitig einen perfekten Schluss für deinen neuen Roman zu finden? Richtig: du führst einen Klartraum herbei. Was das bringen soll, fragst du dich? Ein luzider Traum hat klare Vorteile gegenüber der Wachwelt. Denn im luziden Traum hast du, im Gegenteil zum realen Leben, einen sehr großen Zugriff auf dein Unterbewusstsein. Dadurch steigen auch dein Einfallsreichtum und deine Kreativität an. In einem Klartraum hast du somit viel bessere Chancen, den idealen Schluss für dein Buch zu finden.

Du hattest bestimmt schon oft irgendwelche Träume, bei denen du dich gefragt hast, wie dein Gehirn in der Nacht überhaupt auf solche Vorstellungen kommt, auf die es tagsüber niemals kommen würde. Der enorme Zugriff auf dein Unterbewusstsein ist die Antwort darauf.

So kannst du Klarträume also dazu nutzen, um dir selber in der Wachwelt weiterzuhelfen. Das Unterbewusstsein kann dir im luziden Traum aber auch bei anderen Dingen behilflich sein. Vielleicht möchtest du ja etwas über dich herausfinden, das du dir im realen Leben einfach nicht beantworten kannst. Vielleicht bist du unzufrieden mit deinem momentanen Beruf und bist schon sehr lange am Grübeln, welchen Beruf du stattdessen ausüben könntest. Vielleicht weißt du nicht, wo dein nächster Urlaub hingehen soll, weil du keine Ahnung hast, wo es dich momentan hinzieht. In die Berge oder doch lieber ans Meer? Vielleicht handelt es sich aber auch nur um irgendeine banale Entscheidung und du willst herausfinden, ob du am Wochenende mehr Lust auf Schwimmen oder Picknicken hast.

Egal worum es geht und bei welchen Entscheidungen oder kreativen Blockaden du nicht vorankommst, das luzide Träumen wird dir dabei helfen können. Doch auch das ist noch lange nicht alles. Es gibt noch viele weitere Möglichkeiten, sich das Klarträumen zunutze zu machen. Doch dazu später mehr. Ich wollte dir nur einen kleinen Einblick geben, damit du merkst, dass das Klarträumen nicht nur zur Belustigung dient, sondern sogar bei ernsten Problemen helfen kann. Welche Probleme das außer der bereits genannten noch sind, erfährst du, nachdem du weißt, wie du einen Klartraum überhaupt herbeiführen kannst.

Geschichte und Forschung

IST DAS KLARTRÄUMEN EINE NEUE ENTDECKUNG?

Das luzide Träumen wird immer beliebter. Immer mehr und mehr Menschen beschäftigen sich mit dem Klarträumen und wenden verschiedene Methoden und Techniken an, um dieses effektiv zu erlernen. Und wer das nicht macht, der hat in den meisten Fällen zumindest schon mal etwas über das luzide Träumen gehört und kann mit diesem Begriff irgendwas anfangen.

Scheint so, als wäre das luzide Träumen also eine neumodische Erscheinung. Doch das täuscht. Es stimmt, dass das Klarträumen inzwischen sehr bekannt ist und von immer mehr Menschen praktiziert wird, aber das liegt wohl eher daran, dass die Forschung voranschreitet und es immer mehr Ergebnisse und neue effektive Methoden zum Erlernen des luziden Träumens gibt.

Das Klarträumen an sich, gibt es jedoch schon so lange, wie es auch gewöhnliche Träume gibt: also schon immer. Denn auch schon immer gab es Leute, die ihre Träume nicht einfach so über sich ergehen ließen, sondern etwas damit anzufangen wussten und diese kontrollieren konnten.

Es ist bekannt, dass das luzide Träumen bereits vor Tausenden von Jahren praktiziert wurde. Vor allem im Buddhismus war es sehr bekannt und wurde oft in Verbindung mit Meditation angewandt. Das Klarträumen galt für viele Menschen sogar als Heilmittel für die Seele, was es tatsächlich auch heutzutage noch sein kann, wenn man es richtig anwendet.

Um dir noch besser zu verdeutlichen, wie lange sich mit dem Klarträumen schon beschäftigt wird, lasse ich an dieser Stelle den Namen Aristoteles fallen. Denn bereits Aristoteles, der 384 v. Chr. Zur Welt kam, wusste, dass es das luzide Träumen gibt. Auch wenn dieser Begriff damals noch nicht existierte, beschäftigte sich Aristoteles mit der Kontrolle über seine Träume.

Das Klarträumen ist also alles andere, als irgendeine neue Entdeckung. Es wird schon seit Jahren von der positiven Wirkung des Kontrollierens seiner Träume Gebrauch gemacht, um sich entweder lang ersehnte Wünsche zu erfüllen oder sich zu helfen, Lösungen für die verschiedensten Situationen zu finden und seinen Geist zu heilen.

DIE FORSCHUNGSGESCHICHTE UND AKTUELLE ERGEBNISSE

Obwohl das luzide Träumen schon so lange bekannt ist, hat das Forschen auf diesem Gebiet erst ziemlich spät begonnen. Und zwar etwa in der Mitte des zwanzigsten Jahrhunderts. Davor beschäftigten sich verschiedene Philosophen wie zum Beispiel Sigmund Freud mit diesem Thema, doch die richtige Forschung begann erst danach.

Die britische Schriftstellerin Celia Green, setze mit ihrer Studie „Lucid Dreams" den Startschuss für die Forschung im Bereich der Klarträume und brachte den Stein endgültig ins Rollen. Heutzutage ist der wichtigste und bekannteste Forscher auf diesem Gebiet Stephen LaBerge. Wer sich mit dem Klarträumen auseinandersetzt, der sollte diesen Namen schon mal gehört haben. LaBerge hat bereits zahlreiche Studien betrieben, die die Klartraumforschung sehr vorangebracht haben.

Unter anderem hat er überhaupt erst bewiesen, dass das Klarträumen tatsächlich existiert, und dass dies auch wissenschaftlich belegt werden kann. Für seine Experimente erhielt er die Hilfe von unzähligen Versuchspersonen, die mit dem luziden Träumen vertraut waren und sich dazu bereit erklärten, etwas für die Forschung beizusteuern.

Beispielsweise mussten die Träumenden, immer dann, wenn ein luzider Traum begann und endete, LaBerge ein kurzes Zeichen geben, in dem sie ihre Augen bewegten. So fand LaBerge heraus, wie lange eine Person schlafen musste, bis der erste Klartraum auftreten konnte, wie oft ein Klartraum herbeigeführt werden konnte, welche Zeitabstände dazwischen nötig waren, wie lang ein luzider Traum durchschnittlich war und wie sich die Länge der klaren Träume mit voranschreitendem Schlaf veränderte.

Auch fand LaBerge heraus, dass bestimmte Handlungen im luziden Traum, fast doppelt so lang dauern, als in der Wachwelt. Die Versuchspersonen übten dafür diese Handlung im Klartraum aus und gaben LaBerge erneut ein Zeichen mit Hilfe ihrer Augenbewegungen, wann diese Handlungen anfingen und wann sie endeten.

Doch nicht nur LaBerge ist es wichtig, sich der Traumforschung zu widmen. Es gibt immer mehr Forschungsergebnisse auf diesem Gebiet. Mit Hilfe von Elektroden und dem MRT, war es diversen Wissenschaftlern möglich, die Gehirnwellen verschiedener Versuchspersonen aufzuzeichnen und somit unter anderem festzustellen, dass in Träumen hauptsächlich die Gehirnpartien aktiv sind, die für unsere Emotionen und Bilder zuständig sind, während unsere Logik, unser Verständnis und unsere Konzentrationsfähigkeit, in einem Traum nicht wirklich funktionieren. Das erklärt auch, wieso unsere Träume uns meist sehr mitnehmen und doch immer wirr und unlogisch sind.

Eine weitere Hilfe für die Klartraumforschung, bieten Traumberichte unterschiedlicher Menschen. So fällt es den Wissenschaftlern nämlich leichter, Zusammenhänge zu erkennen und zu verstehen, wieso wir so träumen wie wir nun mal träumen.

Du weißt nun also, auf welchem Stand die Klartraumforschung sich zurzeit befindet. Doch wie sieht so ein Traum eigentlich aus? Was passiert mit unserem Körper, wenn wir träumen? Dieser Frage widmen wir uns in den nächsten Kapiteln.

Was passiert mit uns während eines luziden Traums?

UNSERE VERSCHIEDENEN SCHLAFPHASEN

Wir selber bekommen von unserem Schlaf logischerweise nicht wirklich viel mit. Wir schlafen ein, träumen irgendwas, an das wir uns eventuell am nächsten Tag noch erinnern können und wachen irgendwann wieder auf. Ob wir uns nachts viel bewegen, immer mal wieder wach sind, lauthals losschnarchen oder sogar anfangen zu reden, bemerken wir in der Regel nicht. Solche Vorfälle werden uns nur bewusst, wenn unsere Mitmenschen uns darauf hinweisen. Wir können so etwas dann oft nicht ganz glauben. Einfach, weil wir uns nicht daran erinnern. Und wenn wir uns nicht erinnern, dann scheint es für uns nie stattgefunden zu sein.

Dem ist aber nicht so. Und genauso, wie wir diese offensichtlichen Vorfälle, die uns nachts passieren, nicht bemerken, bemerken wir auch die nicht so offensichtlichen Vorfälle oder Abläufe nicht. *Gerade* diese Abläufe bleiben für uns unbekannt. Wie sollen wir etwas nicht Offensichtliches bemerken, wenn wir schon das Offensichtliche nicht wahrnehmen können?

Doch nur, weil wir etwas nicht wahrnehmen, bedeutet das nicht, dass es nicht stattfindet. Im Gegenteil: ganz so unkompliziert ist das nämlich nicht. Es ist nicht einfach nur so, dass wir einschlafen und dann eben „einfach schlafen", bis wir irgendwann aufwachen. Da steckt schon etwas mehr dahinter. Unser Schlaf lässt sich nämlich in verschiedene Schlafphasen einteilen.

Zum einen gibt es leichte Schlafphasen und Tiefschlafphasen. Wenn wir einschlafen, befinden wir uns logischerweise erst mal in einem leichten Schlaf. Wir reagieren schneller auf Reize der Außenwelt. Unsere Sinneswahrnehmung ist geschärft. Geräusche, Gerüche, Berührungen und so weiter, nehmen wir immer noch ziemlich intensiv wahr. Dadurch können wir auch viel schneller geweckt werden, als in der Tiefschlafphase.

In der Tiefschlafphase reißt uns nichts so einfach aus dem Schlaf. Du hast bestimmt auch schon die Erfahrung gemacht, dass es dir manchmal schwer und manchmal leicht fällt, aufzustehen, wenn du geweckt wirst. Selbst, wenn du beide Male ausreichend Schlaf hattest. Wenn es dir schwerfällt, wach zu werden, dann wirst du höchstwahrscheinlich aus deiner Tiefschlafphase gerissen, während du dich in der leichten Phase befindest, wenn es dir leichtfällt.

Es gibt inzwischen sogar Apps oder Tracker-Armbanduhren, mit Hilfe derer ermittelt werden kann, in welcher Schlafphase man sich gerade befindet. Daraufhin wird man nur geweckt, wenn man sich gerade in einer leichten Schlafphase befindet. Wenn du dir beispielsweise einen Wecker auf 6 Uhr morgens stellt, dich zu dieser Uhrzeit jedoch im Tiefschlaf befindest, dann wirst du eben etwas früher oder später geweckt. Dadurch wird ein müder, unmotivierter Morgen verhindert und der Start in den Tag erleichtert.

Der Schlaf lässt sich jedoch nicht nur in tiefe und leichte Schlafphasen einteilen, sondern auch in den sogenannten REM-Schlaf und Non-REM-Schlaf. Je nachdem, in welcher dieser Phasen man sich befindet, verhält sich auch der Körper dementsprechend.

DIE REM-PHASE

Wir träumen zwar jede Nacht, egal ob wir uns später daran erinnern oder nicht, aber wir träumen nicht die komplette Nacht durch. Dies passiert vor allem in der REM-Phase. Auch in der Non-REM-Phase sind wir dazu in der Lage, zu träumen. Diese Träume sind aber weitaus nicht so vielseitig, klar und intensiv, wie die Träume in der REM-Phase. Deswegen eignet sich diese Phase auch ideal dazu, luzide Träume herbeizuführen.

Doch woran liegt es, dass wir gerade in dieser Phase so intensiv träumen? Die REM-Phase ist die stille Phase, zumindest in Bezug auf unseren Körper. Wir drehen uns nicht von Seite zu Seite, zappeln nicht und sind nicht unruhig. Unser Körper steht wortwörtlich still. Natürlich gibt es wie immer Ausnahmen: unsere Organe arbeiten beispielsweise weiter, sonst würden wir gar nicht mehr aus der REM-Phase erwachen. Auch die Augen bleiben aktiv und bewegen sich ganz schnell von links nach rechts, hin und her. Daher kommt auch der Name der REM-Phase. REM bedeutet nämlich „rapid eye movements", also „rasche Augenbewegungen".

Während unser Körper still gehalten wird und tiefenentspannt ist, tut sich umso mehr in unserem Gehirn. Es fängst an zu arbeiten, wodurch letztendlich auch unsere Träume entstehen. Und das ist auch schon der Grund, weshalb es notwendig ist, unseren Körper still zu halten: wenn das nicht geschehen würde, dann würden wir alles, was wir in einem Traum erleben, in die Tat umsetzen. Unser Körper würde die Bewegungen aus dem Traum mitmachen und das wäre nicht sehr vorteilhaft.

DIE SCHLAFPARALYSE

Leider hat die REM-Phase eine negative Begleiterscheinung, und zwar die sogenannte Schlafparalyse. Wie du im letzten Kapitel ja gelernt hast, steht der Körper in der REM-Phase still, während das Gehirn intensiv arbeitet und Träume produziert. Sobald man aus der REM-Phase erwacht, löst sich damit auch gleichzeitig der Lähmungszustand des Körpers und man kann sich wieder ganz normal bewegen.

Es gibt jedoch Ausnahmen, bei denen das anders abläuft. Denn ab und an kann es nämlich auch dazu kommen, dass der Geist und der Körper nicht gleichzeitig aufwachen, sondern der Geist damit etwas schneller ist. Das führt dann dazu, dass man wach ist, sich aber keinen Zentimeter bewegen kann. Man liegt wie angewurzelt im Bett und kann sich nicht rühren. Es gibt nichts, was man tun kann, um diesen unangenehmen, ja fast schon beängstigenden Zustand zu beenden.

Dazu kommt auch noch, dass es sein kann, dass man dann einzelne Traumfetzen wahrnehmen kann oder anfängt, zu halluzinieren. Man sieht irgendwelche Gestalten, die auf einen zukommen und einem etwas Böses wollten.

Nochmal kurz zusammengefasst: Man ist wach, kann sich nicht bewegen und übrigens auch nicht reden, geschweige denn schreien und wird von irgendwelchen mysteriösen Gestalten bedroht.

Die wenigsten Menschen bleiben in so einer Situation gelassen und entspannt. Es steigt Panik auf und man will sich nur noch endlich bewegen können und aus dieser schrecklichen Situation raus kommen.

Doch Panik bringt einen in so einer Situation auch nicht viel weiter. Viel sinnvoller ist es, sich nochmal bewusst zu machen, wieso man sich in dieser Situation befindet und dass sie überhaupt nicht gefährlich ist. Denk einfach daran, dass du dich einzig und allein auf Grund der REM-Phase nicht bewegen kannst und dass die Gestalten, die du siehst, nicht echt sind, sondern nur letzte Teile deiner Träume.

Vergiss nicht, dass die Schlafparalyse etwas ganz normales ist und nach einigen Sekunden bis Minuten vorbeigehen wird. Sie stellt keinerlei Gefahr dar und gehört manchmal nun mal zum Schlafzyklus dazu.

DIE NON-REM-PHASE

Die Non-REM-Phase stellt das Gegenteil der REM-Phase dar. Wie der Name schon sagt, bewegen sich die Augen in dieser Phase nicht. Dafür aber der restliche Körper umso mehr. Wir werden unruhig, drehen uns von Seite zu Seite und bewegen uns im Allgemeinen einfach sehr viel. Und trotzdem erholen wir uns. Beim Non-REM-Schlaf befinden wir uns nämlich hauptsächlich in der Tiefschlafphase, aus der uns nichts so leicht wieder rausholen kann, da wir auf äußere Reize kaum ansprechen.

Im Gegenteil zur REM-Phase, ruht sich unser Gehirn aus. Wenn wir ab und an mal träumen, dann sind die Träume nur sehr kurz, leicht und unklar.

Unsere Körpertemperatur sinkt ab und die Cortisolproduktion lässt nach. Cortisol benötigen wir zum Beispiel dafür, um wach zu werden und am Morgen besser aus dem Bett zu kommen. Deswegen fällt es uns auch so schwer aufzustehen, wenn wir geweckt werden während wir uns in der Non-REM-Phase befinden.

Wenn wir einschlafen, beginnt schon sehr kurz darauf die Non-REM-Phase. Anfangs befinden wir uns noch in einem leichten Schlaf, doch je länger die Non-REM-Phase andauert, desto tiefer wird auch unser Schlaf. Nach etwa 1-2 Stunden setzt dann die REM-Phase ein, die allerdings erst mal nur für einige Minuten anhält. Das ändert sich jedoch im Verlauf des Schlafs. Mit jedem neuen Zyklus werden die REM-Phasen immer länger und die Non-REM-Phasen somit immer kürzer.

Deswegen wird unser Schlaf immer leichter, denn je länger die REM-Phasen werden, desto weniger Tiefschlafphasen gibt es somit auch. Durch die vielen langen Traumphasen, erinnern wir uns morgens meistens auch eher an das Geträumte, als mitten in der Nacht.

VERÄNDERUNG DES SCHLAFS IM ALTER

Wenn ein Kind zur Welt kommt, ist es die ersten Monate erst mal schwierig, eine klare Struktur in seinem Schlaf zu erkennen. Ein klarer Schlafrhythmus bildet sich erst nach etwa 3-4 Monaten, was jedoch nicht heißen soll, dass man sich als Eltern dann entspannt zurücklehnen kann und das Baby die ganze Nacht durchschläft. Säuglinge sind zwar immer sehr lange wach, schlafen im Gegenzug jedoch nicht etwa acht Stunden durch, so wie man es von einem Erwachsenen kennt. Stattdessen schlafen sie immer mal wieder ein wenig. Das macht es natürlich den Eltern besonders schwer, da ihr Schlafrhythmus komplett anders ist.

Doch auch wenn ein Baby schläft, durchläuft es nicht die in den letzten Kapiteln vorgestellten Schlafphasen. Der Schlaf eines Säuglings besteht nämlich hauptsächlich aus REM-Phasen. Säuglinge träumen also sehr viel und haben meist einen sehr leichten Schlaf, weshalb sie auch sehr schnell wieder wach werden können.

Je älter ein Kind wird, desto geregelter wird auch sein Schlafrhythmus, bis er sich schließlich nicht mehr allzu sehr vom Rhythmus eines Erwachsenen unterscheidet.

Der REM-Schlaf wird kürzer, der Non-REM-Schlaf hingegen länger. Es wird eine längere Zeit am Stück durchgeschlafen. Wenn der Säugling nach und nach zum Kleinkind wird, schläft er meist sehr tief und der leichte Schlaf nimmt immer weiter ab.

Während verschiedener Wachstumsschübe in der Kindheit und Jugend, ist vor allem das letzte Drittel des Non-REM-Schlafs sehr präsent. In diesem Drittel ist der Schlaf am tiefsten und viele Wachstumshormone werden vom Körper ausgeschüttet. Im ausgewachsenen Alter lässt diese Phase nach, da ein erwachsener Mensch, diese ganzen Wachstumshormone nicht mehr gebrauchen kann.

Das hat jedoch wiederum Nachteile im Alter. Denn durch das Wegbleiben dieser Phase, bleiben auch die Hormone weg. Dies hat eine Zurückbildung der Muskeln und eine verstärkte Fettablagerung zur Folge.

Doch nicht nur daran haben Menschen im Alter zu leiden, was ihren Schlaf betrifft. Der Schlafrhythmus scheint sich nämlich erneut zurückzubilden und ungleichmäßiger zu werden. Das Ein – und Durchschlafen fällt immer schwerer und tagsüber wird man von einer durchgehenden Müdigkeit begleitet. Das trifft natürlich nicht auf jede einzelne Person zu. Falls es einen selber betrifft, dann sollte man sich nicht damit rumplagen und einen Arzt aufsuchen. Häufig lassen sich diese Schlafstörungen nämlich wieder richten.

Natürlich kann man auch schon im jungen Alter mit Schlafstörungen zu kämpfen haben. Doch besonders im Alter könnte das Ganze gefährlich werden. Der Körper ist einfach nicht mehr so stark wie in jungen Jahren, daher kann die Ursache für die Schlafprobleme, auch eine Krankheit sein. Zögere also nicht und gehe zum Arzt, wenn auch dich das irgendwann betreffen wird. Es ist besser, einen Gang zum Arzt zu wagen, als seine Gesundheit aufs Spiel zu setzen.

So wirst du ein Klarträumer

DIE GRUNDLAGE: EIN AUSGEPRÄGTES TRAUMERINNERUNGSVERMÖGEN

Um einen luziden Traum zu erleben, werden im Großen und Ganzen drei Schritte benötigt. Der erste Schritt ist ein gutes Traumerinnerungsvermögen. Der Grund dafür ist ganz einfach: wenn du dich nicht an deine Träume erinnern kannst, dann wirst du am nächsten Tag erst recht nicht wissen, ob du einen luziden Traum hattest oder nicht. Da macht dein Gehirn und dein Erinnerungsvermögen beim luziden Traum leider keine Ausnahme.

Du wirst aufwachen und dich höchstwahrscheinlich darüber ärgern, dass du schon wieder keinen Klartraum hattest. Dabei hattest du diesen vielleicht, nur kannst du dich nicht daran erinnern. Das ist ganz schön nervig. All die Übungen und Vorbereitungen wären dann umsonst. Dein luzider Traum kann noch so gut sein. Wenn du nach dem Aufwachen nicht mehr weißt, dass du diesen Traum hattest, dann ist er quasi wertlos.

Falls du also bis jetzt immer dachtest, dass du einfach ein Mensch bist, der nie träumt, dann liegst du falsch. Jeder Mensch träumt. Nur erinnert sich nicht jeder Mensch an seine Träume. Selbst, wenn du denkst, du hast die ganze Nacht nur die Farbe Schwarz gesehen, statt irgendwelcher Bilder oder sogar Traumszenen, dann irrst du dich. Du kannst dir sicher sein, dass du sehr wohl geträumt hast.

Fang also unbedingt so schnell wie möglich damit an, deine Traumerinnerung zu trainieren. Das ist gar nicht so schwer wie es scheint. Das Geheimnis besteht lediglich darin, das, woran du dich erinnerst, aufzuschreiben. Selbst wenn diese Traumfetzen keinen Sinn ergeben, halte den Inhalt dieser Traumfetzen auf Papier fest. Auch, wenn du dich nur an ein Gefühl erinnern kannst – beispielsweise Trauer – beschreibe dieses Gefühl nach dem Aufwachen, selbst wenn du nicht weißt, womit dieses Gefühl zusammenhängt, was es zu bedeuten hat und was du denn geträumt hast, das dazu geführt hat, so traurig aufzuwachen.

Wenn wir etwas aufschreiben, verfestigen wir diesen Gedanken. Das bedeutet, dass du somit auch die Erinnerung an einen Traum, an ein paar Traumfetzen oder an ein Gefühl, das du nach dem Aufwachen verspürst, festigst. Du setzt dich bewusst mit dem Geträumten auseinander und bringst deinem Gehirn bei, dass es wichtig ist, sich mit deinen Träumen auseinanderzusetzen und sich zu merken, was man träumt.

Deine Träume werden aufhören, nur eine nebensächliche Sache zu sein und dein Gehirn wird durch das regelmäßige Aufschreiben wissen, dass die Träume sehr wohl relevant sind und nicht einfach in Vergessenheit geraten dürfen.

Je regelmäßiger und ausführlicher du also deine Träume festhältst, desto mehr und mehr wird sich mit der Zeit auch dein Traumgedächtnis verbessern, bis du dich schließlich irgendwann an mehrere Träume pro Nacht komplett und bis ins kleinste Detail erinnern werden kannst.

NÄCHSTES ZIEL: ERKENNE, DASS DU TRÄUMST

Sobald du nach jeder Nacht weißt, was du so geträumt hast, kannst du dir ziemlich sicher sein, dass du dich auch an deinen ersten luziden Traum erinnern wirst. Deswegen ist dein nächstes Ziel, in einem Traum zu erkennen, dass es nur ein Traum und nicht die Realität ist. Wichtig ist jedoch, dass du auf keinen Fall damit aufhörst, deine Träume aufzuschreiben. Denn dein Traumgedächtnis kann sich genauso schnell wieder verschlimmern wie es sich verbessert hat. Das solltest du also nicht riskieren, sondern dein Geträumtes weiterhin schwarz auf weiß festhalten.

Um einen luziden Traum herbeizuführen, gibt es viele verschiedene Techniken. Diese werde ich dir in dem nächsten großen Kapitel vorstellen. Am besten solltest du jede Technik einige Male ausprobieren, um dich letztendlich für ein paar Techniken zu entscheiden, die bei dir super funktionieren. Gib aber jeder Technik mehrere Chancen. Es kann nämlich sehr gut sein, dass gerade die Technik, die bei dir am Anfang überhaupt nicht klappen wollte, sich als die Technik entpuppt, die bei dir nach einigen Anläufen, am besten funktioniert. Gib also nicht zu schnell auf. Es dauert nun mal eine Weile, bis man eine Methode beherrscht.

Doch bevor du mit irgendwelchen Techniken beginnst, möchte ich dich erst einmal mit zwei Begriffen vertraut machen: Reality-Checks und Traumzeichen. Diese beiden Begriffe sind unheimlich wichtig, wenn es um die Herbeiführung eines Klartraums geht und sollten in deinem Wortschatz auf keinen Fall fehlen. Noch viel wichtiger, als diese Begriffe zu kennen, ist es jedoch, mit ihnen auch was anfangen und das, wofür sie stehen, in die Tat umsetzen zu können.

Fangen wir doch mal mit den Reality-Checks an: Stell dir vor, du schaffst es, mit einer der Techniken, einen Klartraum herbeizuführen. Du freust dich riesig, dass du das geschafft hast und malst dir aus, was du als nächstes machen könntest. Doch plötzlich fängst du an, zu zweifeln. Du fragst dich, ob du dir da nicht etwas vormachst und dich eigentlich in der Wachwelt befindest. Alles erscheint dir ganz normal. Wieso sollte es sich also um einen Traum und nicht um die Realität handeln? Deine Zweifel werden immer größer, bis du den scheinbar unrealistischen Gedanken, du könntest dich in einem Traum befinden, komplett verwirfst.

Und so kommt es dazu, dass du zwar erkennst, dass du träumst, dir dieser Gedanke aber immer unrealistischer erscheint, bis du nicht mehr daran glaubst und der luzide

Traum dahin ist. Deine ganze Arbeit und Anstrengung war somit umsonst. Klingt ziemlich ärgerlich, nicht wahr?

Um solche Vorfälle zu vermeiden, gibt es die sogenannten Reality-Checks, oder auf Deutsch: Realitätsüberprüfungen. Diese Überprüfungen bestehen aus kleinen Gesten, die dir zeigen sollen, ob du dich gerade in einem Traum oder in der Wachwelt befindest. Das klingt erst mal ziemlich seltsam, ich weiß. Am besten kann man das Ganze anhand eines Beispiels verstehen:

Gehen wir mal davon aus, dass du immer eine digitale Armbanduhr trägst. Daraus lässt sich ein toller Reality-Check gestalten. Wenn du im Wachzustand um 12:42 Uhr auf deine Uhr schaust, dann wird sie dir genau das anzeigen: 12:42 Uhr. Schaust du dann für ein paar Sekunden weg und wieder drauf, wird die Uhrzeit immer noch 12:42 Uhr oder 12:43 Uhr lauten. Alles ganz logisch.

Schaust du jedoch in einem Traum auf deine Armbanduhr, wird sie dir sehr wahrscheinlich keine echte Uhrzeit anzeigen, sondern irgendwelche unverständlichen Zeichen, Buchstaben oder eine Uhrzeit, die in Wirklichkeit gar nicht existiert. Beispielsweise könnte auf deiner Uhr dann stehen: MGFVG;FTD oder Ƚ] oder 37:104 Uhr. Und selbst wenn deine Armbanduhr eine realistische Uhrzeit anzeigen würde, so würde sich das spätestens, nachdem du einige Sekunden wegschauen und wieder hinschauen würdest, ändern. Im ersten Moment könnte die Uhr zum Beispiel 9:17 Uhr anzeigen, nach einem kurzen

Wegschauen dann aber plötzlich 20:56 Uhr oder wieder etwas total Unverständliches.

Somit eignet sich zum Beispiel eine digitale Armbanduhr ideal für eine Realitätsüberprüfung. Denn sobald sie etwas Merkwürdiges anzeigt, was einfach nicht stimmen kann (ob es nun ein extremer Zeitsprung oder irgendwelche Buchstaben oder Zeichen sind), hast du einen Beweis dafür, dass du träumst. Mit diesem Beweis kannst du jegliche Zweifel daran, ob du träumst oder wach bist, beseitigen und das Herbeiführen deines luziden Traums war nicht umsonst.

Und was hat es mit den Traumzeichen auf sich? Traumzeichen bestehen aus verschiedenen Indizien, die darauf hindeuten, dass du dich gerade in einem Traum befindest. Dir ist bestimmt schon oft genug aufgefallen, dass in deinen Träumen, sehr viele Dinge passieren, die überhaupt keinen Sinn ergeben und alles andere als realistisch sind. Das können zum Beispiel fliegende Autos, ein neon-pinker Himmel oder dein Urgroßvater sein, der eigentlich bereits seit Jahren nicht mehr lebt. Solche unlogischen Ereignisse können dir dabei helfen, zu erkennen, dass du träumst.

Das ist jedoch leider leichter gesagt als getan. Denn diese ganzen Ereignisse erscheinen uns meistens erst im Nachhinein merkwürdig. Wir wachen auf und fragen uns, was wir da eben Komisches geträumt haben. Doch während wir träumen, erscheinen uns diese Dinge total normal. Zum Glück lässt sich jedoch alles trainieren und somit auch die Fähigkeit, Traumzeichen zu erkennen. Mit etwas Übung wirst du die Hinweise für einen Traum merken können und somit viel schneller erkennen, dass du träumst. Wie genau du dich darin üben kannst, lernst du weiter hinten im Buch, in der praktischen 10-Schritte-Anleitung zum luziden Traum.

Zusammenfassend kann man also sagen, dass du für die Herbeiführung eines luziden Traums genau drei Werkzeuge benötigst: eine Klartraumtechnik, die bei dir am besten funktioniert, Realitätsüberprüfungen und das Erkennen von Traumzeichen. Wenn du diese drei Werkzeuge richtig anwenden kannst, dann fehlt dir nur noch der dritte und letzte Schritt.

UND ZU GUTER LETZT: KONTROLLIERE DEINEN TRAUM

Nachdem du erkannt hast, dass du gerade träumst und dir auch die nötigen Beweise dazu geliefert hast, befindest du dich erst mal in einem präluziden Traum. Das bedeutet, dass du zwar erkannt hast, dass du dich träumst, du diesen Traum aber noch nicht kontrollierst. Denn zu erkennen, dass man träumt und den Traum zu steuern, sind zwei vollkommen verschiedene Sachen. Du kannst nämlich auch bei vollem Bewusstsein sein, es aber dennoch nicht schaffen, den Traum zu kontrollieren. Das bedeutet, du erlebst das Geträumte passiv und kannst nichts dagegen machen.

Bei deinen ersten luziden Träumen wird das sehr wahrscheinlich auch der Fall sein. Du wirst erkennen, dass du träumst, aber nichts weiter unternehmen können. Das ist vollkommen normal. Du hattest ja schließlich noch nie einen luziden Traum und weißt dementsprechend auch nicht, wie du dich verhalten sollst und wie du einen luziden Traum, mit der Kraft deiner eigenen Gedanken, steuern kannst.

Als erstes ist es wichtig, sich noch mal bewusst zu machen, dass ein Traum veränderbar ist. Du befindest dich nicht in der realen Welt, wo du keinen oder nur einen sehr begrenzten Einfluss auf die Geschehnisse um dich herum hast. Die Welt, die du in deinem Traum siehst, hast einzig und allein du geschaffen. Dein Unterbewusstsein hat diese Welt gebaut und somit liegt die Kontrolle über das, was als nächstes passiert, ganz in deiner Hand.

Diese Erkenntnis macht es einem auf jeden Fall schon mal leichter, sich mit dem Gedanken anzufreunden, die volle Kontrolle zu besitzen. Der nächste Schritt ist dann, von dieser Kontrolle auch wirklich Gebrauch zu machen. Nimm dir dabei jedoch nichts allzu Großes vor. Wenn dein erstes Ziel lautet, ins Weltall zu fliegen, auf einen Planeten, den du mal eben noch so schnell erschaffst, dann wirst du bei deinem ersten Klartraum sehr wahrscheinlich scheitern.

Versuch stattdessen erst mal, nur eine Kleinigkeit zu verändern. Nimm dir zum Beispiel ein Buch in die Hand und stell dir ganz fest vor, dass auf der Seite, die du kurz darauf aufschlagen wirst, ein bestimmtes Wort zu finden sein wird. Denk zum Beispiel intensiv an das Wort Apfel und schlag daraufhin dein Buch auf. Vielleicht wirst du beim ersten Mal direkt Glück haben und das Wort auf der aufgeschlagenen Seite wiederfinden. Vielleicht klappt das Ganze aber auch erst mal nicht so wie geplant und statt des Wortes Apfel, wirst du auf der Seite eine Zeichnung eines Apfels vorfinden.

Ärger dich nicht darüber. Das ist auf alle Fälle schon mal besser als gar nichts. Und selbst, wenn dein Versuch scheitert und du auf der Seite nichts findest, was auch nur ansatzweise etwas mit einem Apfel zu tun haben könnte, dann verzweifle nicht. So etwas klappt nun mal nicht immer direkt beim ersten Mal. Stattdessen solltest du so lange versuchen, das Wort Apfel auf die Seite zu denken, bis es irgendwann tatsächlich klappt. Wenn es nach mehreren Versuchen jedoch einfach nicht funktionieren will, dann mach dich nicht mit diesem Versuch verrückt und probiere doch einfach etwas anderes aus.

Du könntest zum Beispiel versuchen, dich darauf zu konzentrieren, einige Zentimeter vom Boden abzuheben. Wenn das funktioniert, kannst du versuchen, immer höher zu schweben, bis du letztendlich vielleicht sogar losfliegst.

Egal, was genau du beschließt zu machen. Wichtig ist vor allem einfach, dass du dich auf keinen Fall unter Druck setzt. Deine Gedanken müssen locker und frei sein und unter keinen Umständen gestresst. Denn durch den Stress, blockierst du dich nur selber und schränkst deine Kreativität ein. Nimm das Ganze also nicht zu ernst. Es geht ja schließlich nicht um Leben und Tod, sondern nur um einen Traum. Wenn etwas nicht so klappt, wie du es gerne hättest, dann versuchst du es eben nochmal oder widmest deine Zeit einer ganz anderen Aufgabe.

Du wirst sehen, dass du von Klartraum zu Klartraum, immer sicherer sein und immer mehr deiner Ziele erreichen wirst. Das Kontrollieren deiner Träume, wird dir mit jedem Mal immer leichter fallen. Denk einfach daran, dass es immer seine Zeit dauert, etwas Neues zu erlernen. So ist es natürlich also auch beim luziden Träumen. Anfangs wird es dir nicht leicht fallen, aber irgendwann wird es für dich ein Kinderspiel sein, deine Träume zu steuern.

Die besten Klartraumtechniken

Jetzt ist es so langsam an der Zeit, dich mit den verschiedenen Techniken, zum Herbeiführen eines luziden Traums, bekannt zu machen. Denn ohne die Anwendung einer Klartraumtechnik, wird es schwierig, einen luziden Traum herbeizuführen. Ich will damit nicht sagen, dass es unmöglich ist. Es ist natürlich auch durchaus möglich, einzig und allein mit Hilfe der Reality-Checks und der Traumzeichen, luzide Träume zu erleben. Jedoch muss man dafür schon etwas geübter sein. Wer noch nie in Berührung mit dem luziden Träumen gekommen ist, dem wird es sehr schwer fallen, nur anhand von Realitätsüberprüfungen und Traumzeichen, luzid zu werden.

Deswegen ist es wirklich ratsam, sich selber erst mal mit einer Technik weiter zu helfen. Dabei gibt es viele verschiedene solcher Techniken. Das bedeutet, es ist wirklich für jeden etwas dabei. Und sobald du etwas erfahrener im Bereich des luziden Träumens bist und keine Lust mehr hast, irgendwelche Techniken anzuwenden, kannst du dann ja tatsächlich nur auf die Realitätsüberprüfungen und Traumzeichen zurückgreifen. Doch erst mal beginnst du mit den Techniken, die ich dir nun näherbringen werde. Ich fange mit den zwei beliebtesten Klartraummethoden an: der MILD-Technik und der WILD-Technik.

DIE MILD-TECHNIK

Die Abkürzung „MILD“, steht für „mnemonic induced lucid dream“ oder auf gut Deutsch „mit Hilfe des Gedächtnisses induzierter luzider Traum“. Das Gedächtnis spielt bei dieser Technik also wie du merkst, eine sehr wichtige Rolle. Je besser du dein Gedächtnis trainierst und den Gedanken verfestigst, dass du einen luziden Traum herbeiführen willst, desto wahrscheinlicher ist es auch, dass dieser Fall eintritt und du dein Ziel erreichst.

Die MILD-Methode geht also in die Richtung der Autosuggestion. Es geht im Großen und Ganzen einfach nur darum, sich selber immer und immer wieder einzureden, dass man einen Klartraum haben wird, bis es tatsächlich dazu kommt.

Doch bevor du die MILD-Technik zum Herbeiführen eines luziden Traums nutzt, solltest du sie erst mal dazu nutzen, dein Traumgedächtnis zu stärken. Denn auch das ist dank der MILD-Methode möglich. Wenn du diese Technik anwendest, wirst du dir viel schneller ein gutes Traumerinnerungsvermögen aneignen können.

Um dein Gehirn darauf zu trainieren, sich besser an Träume zu erinnern, solltest du dir dieses Ziel jeden Abend aufs Neue ins Gedächtnis rufen. Leg dich dafür gemütlich in dein Bett und denk an nichts anderes, als daran, dass du dich auf alle Fälle an mindestens einen Traum aus der darauffolgenden Nacht erinnern möchtest. Konzentriere dich auf dieses Vorhaben und lass dich nicht ablenken. Sobald du merkst, dass deine Gedanken abschweifen, lenke sie wieder zurück zu deinem Vorhaben.

Am besten funktioniert diese Methode, wenn du nicht einfach nur daran denkst, dass du dich unbedingt an deine Träume erinnern möchtest, sondern wenn du immer wieder einen festgelegten bestimmten Satz wiederholst. Statt also zu denken: „Ich möchte mich an meine Träume erinnern, das wäre wirklich vorteilhaft. Denn wenn ich das schaffe, werde ich schneller ein luzider Träumer sein können. Deswegen will ich diesen Gedanken unbedingt in die Tat umsetzen…“, solltest du lieber denken: „In der kommenden Nacht, werde ich mich an meine Träume erinnern. In der kommenden Nacht, werde ich mich an meine Träume erinnern. In der kommenden Nacht…“

So gibst du deinem Gehirn eine konkrete Vorgabe, an die es sich halten soll und läufst nicht so schnell Gefahr, mit deinen Gedanken wieder abzuschweifen.

Denke jeden Abend an diese konkreten Sätze, bis du schließlich einschläfst. Es ist sehr wichtig, dass der Gedanke, dich an deine Träume zu erinnern, der letzte Gedanke ist, bevor du einschläfst. Denn der letzte Gedanke ist der, der auch am meisten hängen bleibt. Wenn du deinen letzten Gedanken deiner To-Do-Liste für den nächsten Tag widmest, dann wird sich dein Gehirn vor allem darauf konzentrieren und diesen Gedanken in der Nacht verarbeiten wollen, anstatt den Gedanken, deine Traumerinnerung zu stärken.

Je öfter du die MILD-Methode anwendest, desto besser wird sie funktionieren. Nach und nach wirst du merken, dass du dich tatsächlich an deine Träume erinnern kannst. Schreibe diese dann wie immer sofort auf, um dein Traumerinnerungsvermögen noch mehr zu verstärken.

Wenn du irgendwann so weit bist, dass du nach jeder Nacht weißt, was du geträumt hast, kannst du damit beginnen, die MILD-Technik nicht nur für deine Traumerinnerung zu verwenden, sondern vor allem dafür, einen luziden Traum damit herbeizuführen. Wichtig ist dabei aber, dass es wirklich keine Nacht mehr gibt, nach der du dich an keinen einzigen Traum erinnern kannst. Denn wenn du genau in so einer Nacht einen Klartraum erlebst, wäre das sehr ärgerlich.

Um mithilfe der MILD-Technik einen luziden Traum herbeizuführen, musst du eigentlich genauso vorgehen wie oben beschrieben. Der einzige Unterschied ist der Satz, den du dir immer wieder sagst. Statt vor dem Schlafengehen also durchgehend zu denken: „In der kommenden Nacht, werde ich mich an meine Träume erinnern", solltest du denken: „In der kommenden Nacht, werde ich erkennen, dass ich träume."

Wenn die MILD-Methode bei dir bereits funktioniert hat, um dein Traumgedächtnis zu stärken, dann wird sie auch mit ziemlicher Sicherheit funktionieren, um Klarträume herbeizuführen. Du musst nur ein wenig Geduld haben. Bei manchen Menschen klappt diese Technik direkt beim ersten Mal, bei anderen kann es schon mal einige Wochen dauern. Wieder andere brauchen Monate, bis sie erste Erfolge erkennen.

Es gibt noch eine dritte Möglichkeit, wie du die MILD-Technik anwenden kannst. Und zwar, indem du das Ziel, dich an deine Träume zu erinnern und das Ziel, einen luziden Traum zu erleben, kombinierst. Nimm dir vor dem Schlafengehen vor, dich an die Träume, die du in der darauffolgenden Nacht haben wirst, zu erinnern. Da wir ja hauptsächlich in der REM-Phase träumen und unser Schlaf in dieser Phase sehr leicht ist, passiert es nicht selten, dass wir mitten in der Nacht, aus einem Traum erwachen. Wenn dir das passiert, dann steh am besten kurz auf, damit du nicht sofort wieder einschläfst. Nachdem du dich einige Minuten lang wach gehalten hast, legst du dich wieder hin und wendest die MILD-Methode erneut an. Diesmal jedoch mit dem Vorhaben, einen Klartraum herbeizuführen. Diese Variation der MILD-Technik, nennt sich WBTB-Technik (wake-back-to-bed, oder auf Deutsch: aufwachen und wieder zurück ins Bett gehen).

Diese Möglichkeit, die MILD-Methode zu verwenden, ist deswegen so effektiv, weil du erstens mitten in der

Nacht viel schneller wieder einschlafen kannst und dich nicht Ewigkeiten auf den Satz: „In der kommenden Nacht, werde ich erkennen, dass ich träume“ konzentrieren musst. Der zweite und viel wichtigere Vorteil aber ist, dass du ja aus einer REM-Phase erwacht bist und beim Einschlafen deswegen erneut in eine REM-Phase gleiten wirst und diesmal nicht erst in die Non-REM-Phase, wie es beim Einschlafen normalerweise ja immer der Fall ist.

Dadurch fängst du direkt an zu träumen und musst nicht erst mal 1-2 Stunden warten, bis der REM-Schlaf endlich eintritt. Daher ist der Gedanke an dein Ziel, einen Klartraum zu erleben, noch ziemlich frisch und daher sehr präsent und du kannst ihn direkt in die Tat umsetzen. Deswegen steigt auch die Wahrscheinlichkeit, einen luziden Traum zu erleben, sehr stark an.

Sobald du dich also ein wenig mit der MILD-Technik vertraut gemacht hast, solltest du diese praktische Kombination mal ausprobieren, um die Chance auf einen luziden Traum zu erhöhen.

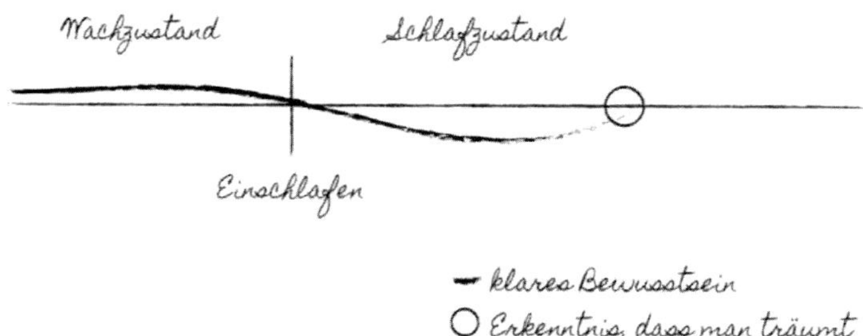

DIE WILD-TECHNIK

Die WILD-Technik ist sozusagen das Gegenteil von der MILD-Technik. WILD steht für „wake-induces-lucid-dream“ und bedeutet übersetzt so viel wie „im Wachzustand induzierter luzider Traum“. Während der Fokus bei der MILD-Methode darauf gelegt wird, in einem Traum zu erkennen, dass man träumt, geht es bei der WILD-Methode darum, schon von Vornerein zu wissen, dass man sich in einem Traum befindet. Das funktioniert, in dem man bei vollem Bewusstsein einschläft.

Das klingt erst mal ziemlich unlogisch und widersprüchlich. Denn normalerweise verschwindet das Bewusstsein ja genau dann, wenn man einschläft. Man vergisst, woran man gerade gedacht hat, wo man sich befindet und meist sogar, wer man eigentlich ist. Es entstehen Bilder, Geräusche und Gerüche, aus denen sich letztendlich komplette Traumszenen formen. Wie soll man denn bei diesem ganzen Prozess bei Bewusstsein bleiben?

Das ist gar nicht so kompliziert wie es sich anfangs vielleicht anhört und hat sogar gewisse Ähnlichkeiten mit der MILD-Technik. Bei der MILD-Technik konzentriert man sich ja so lange auf einen bestimmten Satz, bis man einschläft. Bei der WILD-Technik ist ebenfalls eine hohe

Konzentration erforderlich. Auch hier liegt der Fokus auf einem bestimmten Vorhaben, und zwar dem, beim Einschlafen sein Bewusstsein zu behalten.

Es geht also darum, beim Einschlafen nicht loszulassen und sich in die Welt der Träume treiben zu lassen, sondern diesen Prozess bei vollem Bewusstsein zu beobachten. Dadurch betrachtet man den kompletten Einschlafprozess aus einem anderen Winkel. Man beobachtet die Formen, Farben, Figuren, Geräusche, Gerüche und die daraus entstehenden Szenen. Man weiß, dass man gerade einschläft und anfängt, zu träumen. Somit ist man von Anfang an luzid und muss nicht erst mal erkennen, dass man sich in einem Traum befindet. Man weiß es einfach von Beginn an bereits.

Es gibt viele verschiedene Möglichkeiten, um die WILD-Technik anzuwenden. Die erste Möglichkeit habe ich dir bereits vorgestellt. Es geht einfach darum, sich auf die Lichteffekte, Formen und Farben und alle weiteren Sinneseindrücke, die du beim Einschlafen mitbekommst, zu konzentrieren, bis du dich schließlich in einem Traum befindest (dazu später mehr).

Eine weitere Möglichkeit ist es, seine Konzentration nicht einfach nur auf das zu lenken, was als nächstes passiert und sich einfach überraschen zu lassen, sondern sich auf eine einzige bestimmte Vorstellung zu konzentrieren. Das kann zum Beispiel ein Wort oder ein Bild sein. Du könntest dir beispielsweise ein rotes Auto vorstellen und diese Vorstellung auf keinen Fall aufgeben, egal was passiert. Du konzentrierst dich dann solange auf dieses Auto, bis sich im Hintergrund langsam aber sicher ein Traum aufbaut. Dann kannst du nämlich von dem Gedanken an das Auto loslassen und dich von nun an auf deinen Traum konzentrieren.

Diese Methode funktioniert übrigens noch besser, wenn du deine Konzentration bereits tagsüber stärkst. Schreib dir irgendein Wort auf oder suche dir ein Bild oder einen Gegenstand aus, den du zum Üben verwenden möchtest. Am besten ist es, wenn du das Wort, das Bild oder den Gegenstand, den du zum Üben benutzt, auch später bei der WILD-Technik verwendest. Denn wenn du deine Konzentration tagsüber mit Hilfe des Wortes „Haus“ geübt hast, dann wirst du dich beim Einschlafen auch besser auf das Wort „Haus“ konzentrieren können, als auf das Wort „Baum“ oder gar eine Form oder einen Gegenstand.

Sobald du dein Werkzeug zum Üben gefunden hast, musst du im Prinzip nichts anderes machen, als dir Zeit zu nehmen und dich an einen Ort zu setzen, an dem dich niemand stören wird. Und dann ist deine volle Konzentration gefragt. Schaue dein „Werkzeug“ an und versuche, dich von nichts ablenken zu lassen. Auch deine Gedanken sollten stets bei der Sache sein. Es bringt nichts, wenn du eine Sache anstarrst, in Gedanken aber ganz woanders bist, sodass du gar nicht merkst, was du da eigentlich anguckst.

Lass dich also weder von Gedanken, noch von äußeren Einflüssen ablenken. Wenn deine Gedanken abschweifen und du dich fragst, was du an dem jeweiligen Tag zu Abend essen könntest, dann bring deinen Fokus wieder zurück. Wenn du aus dem Augenwinkel draußen ein Vögelchen siehst, dann versuche, dieses nicht weiter zu beachten und dich wieder deiner Aufgabe zu widmen.

Du wirst merken, dass es dir immer leichter fallen wird, konzentriert zu bleiben und auch die Dauer dieser Übung sich irgendwann ohne Probleme verlängern lassen wird. Das ist eine wundervolle Voraussetzung dafür, dass die WILD-Methode bei dir funktionieren wird.

Wenn du keine Lust darauf hast, dich auf eine bestimmte Vorstellung zu konzentrieren, dann kannst du mit einer weiteren Möglichkeit der WILD-Methode, deinen Fokus, statt auf eine Vorstellung, einfach auf deinen Körper legen. Stell dir dafür vor, dass es neben deinem echten Körper, außerdem noch einen Traumkörper gibt. Konzentriere dich so lange auf deinen echten Körper, bis du langsam aber sicher einschläfst. Wenn dein Fokus dann immer noch sehr stark auf deinem Körper liegt dann wird deine erste Traumszene wahrscheinlich damit beginnen, dass du irgendwo liegst. Stell dir vor, dass du zu diesem Zeitpunkt, deinen echten Körper gegen deinen Traumkörper tauschst. Stehe mit deinem Traumkörper auf und lasse deinen echten Körper weiterschlafen. Beginne somit deinen luziden Traum.

Wenn dir all diese Konzentrationsübungen nicht gefallen, habe ich hier noch eine letzte Möglichkeit für dich, um bei Bewusstsein in den Schlaf zu gleiten. Und zwar die sehr bekannte Count-to-sleep-Technik. Du erinnerst dich bestimmt noch an das Schäfchenzählen aus deiner Kindheit. Wer nicht einschlafen konnte, der sollte ebenso lange Schafe zählen, bis es ihm gelang.

Das Zählen, bis man einschläft, klappt auch bei der WILD-Methode super. Hierbei konzentrierst du dich also nicht auf ein einzelnes Bild, Wort oder auf deinen Körper, sondern lenkst deine Konzentration so lange von Zahl zu Zahl, bis du dich irgendwann in einem Traum befindest und weiterzählst. Hierbei ist es natürlich ebenfalls wichtig, weiterzuzählen und nicht einzuschlafen, komme was wolle. So wird dir die Herbeiführung eines luziden Traums auch sicherlich gelingen.

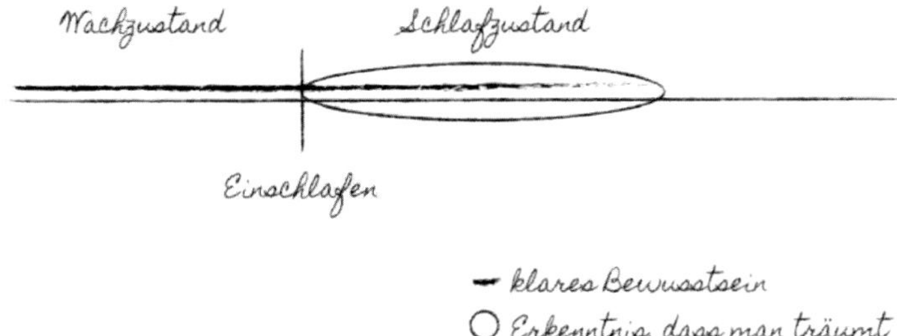

EIN KLARTRAUM DURCH ÄUẞERE REIZE

Um nochmal den Stand der Dinge festzuhalten: Es gibt also die Möglichkeit, bei vollem Bewusstsein in einen Traum zu gleiten, sodass dieser von Anfang an luzid ist und es gibt die Möglichkeit, erst in einem Traum zu erkennen, dass man träumt und dadurch luzid zu werden. Beide Methoden werden einzig und allein durch dich ausgelöst. Du brauchst keine weiteren Hilfsmittel, um klar zu träumen.

Doch es gibt noch eine dritte Möglichkeit, einen luziden Traum herbeizuführen, und zwar durch äußere Reize. Das bedeutet, dass es davon abhängt, wie gut das Zusammenspiel zwischen dir und diesem äußeren Reiz ist, ob du einen luziden Traum erleben wirst oder nicht.

Das kann gerade dann sehr hilfreich sein, wenn die MILD-Technik und die WILD-Technik beide nicht so richtig funktionieren wollen. Denn wenn du einen luziden Traum mit Hilfe von äußeren Reizen herbeiführen willst, dann musst du dich nicht auf irgendeine Technik verlassen, sondern nur auf diesen Reiz.

Doch wie genau funktioniert diese Methode denn jetzt? Bei dieser Technik suchst du dir im Voraus irgendeinen Reiz aus, der dich im Schlaf daran erinnern könnte, dass du träumst. Das kann zum Beispiel ein bestimmter Ton sein, ein Wort, ein Satz, eine Vibration oder eine kurze Melodie.

Für die meisten Reize braucht man sogar keine Hilfsperson, die diesen auslösen muss. Wenn du dich zum Beispiel für eine bestimmte Melodie, einen Ton, ein Wort, einen Satz oder eine Vibration entscheidest, kannst du eine Audiodatei mit deinem ausgewählten Reiz aufnehmen, diese abspeichern und sie als Weckerton verwenden. Dein Reiz könnte beispielsweise das Wort „luzid", der Satz „Du befindest dich in einem Traum" oder ein leises Klingeln sein.

Jetzt musst du nur noch ausrechnen, wann du dich in einer REM-Phase befinden und somit träumen wirst. Wie du ja weißt, beginnt die erste REM-Phase etwa nach 1-2 Stunden Schlaf, dauert jedoch nur ein paar Minuten. Somit ist es nicht sehr sinnvoll, sich einen Wecker für die erste REM-Phase zu stellen. Lieber solltest du auf das Ende der Nacht hinarbeiten, da die REM-Phasen dort ja am längsten und am intensivsten sind.

Nach der ersten kurzen REM-Phase, dauert es etwa eine Stunde, bis die nächste REM-Phase eintritt. Diese hält dann schon um einiges länger an, als die erste REM-Phase, und zwar circa eine halbe bis dreiviertel Stunde. Danach muss man sich eine weitere dreiviertel Stunde „gedulden", bis es wieder Zeit für die nächste REM-Phase wird, die diesmal eine gute Stunde geht. Bis zur vierten REM-Phase ist es dann nur noch eine halbe Stunde und die REM-Phase hält etwas länger, als eine Stunde an. Etwa zwanzig Minuten später folgt auch schon die nächste REM-Phase. Diese hält in den meisten Fällen jedoch nicht mehr so lange, weil die durchschnittlichen siebeneinhalb bis acht Stunden Schlaf etwa zwanzig Minuten später enden und der Schlafende langsam wach wird.

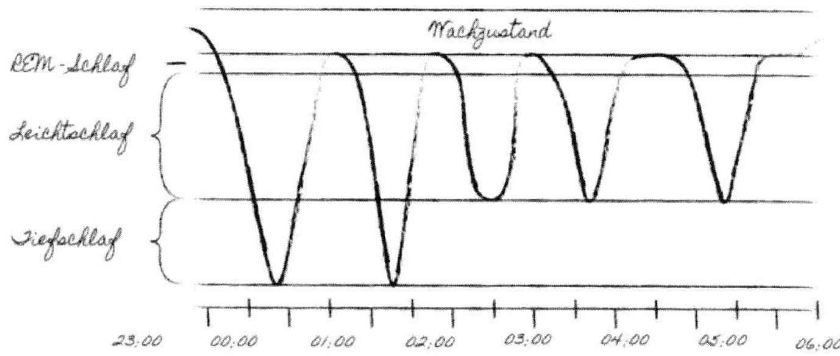

Da du nun weißt, in welchen Abständen der REM-Schlaf etwa auftritt und wie lange er durchschnittlich anhält, kannst du dir ja selber ausrechnen, um welche Uhrzeiten dein äußerer Reiz eingesetzt werden sollte.

Vielleicht hast du allerdings keine Lust darauf, dir jede Nacht mehrere Wecker zu stellen, in der Hoffnung, dass du deine REM-Phasen richtig einschätzt. Vielleicht hast du Probleme beim Einschlafen und da du nie einschätzen kannst, wie lange du zum Einschlafen brauchen wirst, kannst du logischerweise auch nicht einschätzen, wann genau du dich in einer REM-Phase befinden wirst. Vielleicht bist du auch sehr empfindlich, was Geräusche angeht und wirst bei jeder Kleinigkeit wach. Das ist natürlich nicht sehr vorteilhaft, denn die Wecker, die du dir stellst, sollen dich ja nicht wecken, sondern dir lediglich dabei helfen, zu erkennen, dass du dich in einem Traum befindest. Oder vielleicht hast du ja auch einfach keine Lust, als Reizmöglichkeit, Geräusche zu verwenden.

Wenn eines der genannten Dinge auf dich zutrifft, kann ich dich beruhigen. Es gibt nämlich noch eine weitere Reizmethode, für die du dich entscheiden kannst, und zwar für den Lichtreiz. Hierfür kannst du dir zum Beispiel eine Hilfsperson suchen, die dich immer in deinen REM-Phasen, mit einer Taschenlampe anleuchtet. Ich bezweifle jedoch sehr, dass du auf die Schnelle eine Person finden wirst, die Lust darauf hat, die ganze Nacht wach zu bleiben, um dir zum luziden Träumen zu verhelfen.

Aber keine Sorge, es geht auch einfacher. Nämlich mit dem sogenannten REM-Dreamer. Der REM-Dreamer ist eine Maske, die extra dafür entwickelt wurde, begeisterten Klarträumern bei der Herbeiführung ihrer luziden Träume zu helfen. Der REM-Dreamer zeichnet deine rapid-eye-movements auf und stellt dadurch fest, wann du dich in einer REM-Phase befindest und somit auch träumst. Sobald du mit den rapid-eye-movements beginnst, gibst du dem REM-Dreamer ein Zeichen, immer wieder aufzuleuchten. Somit musst du dir keine Sorgen darüber machen, wann genau du dich in einer REM-Phase befindest, auf wie viel Uhr du demnach deine Wecker stellen musst und ob das alles überhaupt klappen wird. Du kannst dich einfach ganz entspannt schlafen legen und auf den REM-Dreamer vertrauen. Natürlich hat das Ganze aber auch seinen Preis. Deswegen solltest du es dir besser zwei Mal überlegen, ob du dir wirklich direkt so eine Maske kaufen möchtest oder nicht doch erst mal der Methode mit dem Wecker eine Chance gibst.

Damit diese Klartraumtechnik funktioniert, musst du dich vor dem Einschlafen, ähnlich wie bei der MILD-Methode, auf dein Vorhaben, deinen Reiz zu erkennen, konzentrieren. Halte an dem Gedanken fest, dass du, sobald du ein bestimmtes Geräusch hörst oder Lichter siehst, sicher sein kannst, dass du dich in einem Traum befindest. Je häufiger du diese Technik anwendest, desto stärker wird der Gedanke in deinem Kopf verfestigt, dass ein bestimmter Reiz dir zeigt, dass du träumst. Irgendwann wird sich daraus vielleicht sogar ein Reflex entwickeln, sodass du, wenn etwas aufleuchtet oder du ein bestimmtes Wort hören wirst, sofort denken wirst: „Ich träume!“

DIE SSILD-TECHNIK

In dem Kapitel über die WILD-Technik, habe ich dir ja bereits näher gebracht, dass es mehrere Methoden gibt, diese anzuwenden. Eine dieser Methoden war, die Sinneseindrücke beim Einschlafen zu beobachten, bis man letztendlich ins Land der Träume wandert. Diese Möglichkeit lässt sich so sehr erweitern, dass daraus eine neue Technik entstanden ist, und zwar die SSILD-Technik. Die Abkürzung SSILD steht für „senses induced lucid dream", was so viel bedeutet wie: „durch die Sinne herbeigeführter luzider Traum".

Wenn es dir also gefallen hat und auch gelungen ist, mit der WILD-Methode in einen Traum zu gleiten, indem du deine Sinneseindrücke solange beobachtet hast, bis du eingeschlafen bist, dann wird dir die SSILD-Technik auf alle Fälle auch gefallen. Es geht bei dieser Methode nämlich darum, deine Sinne so sehr zu schärfen, dass du beim Einschlafen bei Bewusstsein bleibst. Dabei liegt der Fokus nicht auf allen fünf Sinnen, sondern nur auf dem Sehen, Hören und Fühlen.

Die SSILD-Technik funktioniert in Zyklen und lässt sich am besten mit der WBTB-Technik kombinieren. Denn wer die WBTB-Technik anwendet, der hat weniger

Schwierigkeiten, mitten in der Nacht wieder einzuschlafen und muss die Zyklen der SSILD-Technik nicht so oft wiederholen, bis die Technik endlich funktioniert und man bei Bewusstsein in einen Traum wandert.

Die erste Phase des Zyklus dauert etwa 20 Sekunden und beginnt mit deinem Sehsinn. Konzentriere dich auf die Bilder, die dein Gehirn produziert. Welche Formen, Lichteffekte, Farben, Gegenstände oder vielleicht sogar kurze Szenen erkennst du? Versuche dabei wirklich nur zu beobachten und nicht zu beeinflussen. Sieh dir an, welche Bilder dir in den Kopf kommen aber versuche nicht, sie zu beurteilen und erst recht nicht, sie zu verändern.

Nach den 20 Sekunden geht es weiter mit deinem Hörsinn. Gibt es irgendwelche Geräusche, die du wahrnehmen kannst. Ein Summen, ein Rauschen oder eine Melodie? Vielleicht schießen dir auch irgendwelche Sätze oder Worte in den Kopf. Auch hier gilt: Nur beobachten und nicht beurteilen oder gar verändern. Nach etwa 20 Sekunden widmest du dich der dritten und letzten Phase eines Zyklus.

Nun ist dein Tastsinn an der Reihe. Spürst du ein Zwicken oder ein Zucken? Vielleicht entsteht auch eine Szene in deinem Kopf, in der dich jemand leicht berührt. Achte dabei jedoch wirklich nur auf die Berührung und nicht auf die passenden Bilder zu dieser Berührung, die in deinem Kopf entstehen. Wenn du dich erneut etwa 20

Sekunden darauf konzentriert hast, was du fühlst und das Ganze objektiv betrachtet hast, endet der erste Zyklus.

Die nächsten Zyklen laufen im Prinzip genauso ab wie der erste, nur viel schneller. Eine Phase sollte von nun an, nicht mehr 20 Sekunden dauern, sondern nur noch 2-5.

Sobald du etwa fünf Zykluswiederholungen gemacht hast, verlangsamst du dein Tempo wieder, und zwar auf eine halbe Minute pro Phase. In diesem Tempo gehst du weitere fünf Phasen durch.

Die Sinneseindrücke sollten sich dann langsam aber sicher, zu ganzen Szenen und schließlich zu einem zusammenhängenden Traum erweitern. Sollte das noch nicht der Fall sein, dann beginnst du einfach wieder bei dem ersten Zyklus und gehst jeden Zyklus solange durch, bis du irgendwann bei vollem Bewusstsein in einen Traum gleitest.

DIE LILD-TECHNIK

LILD bedeutet „lucidly induced lucid dream“, also „im luziden Traum herbeigeführter luzider Traum“. Klingt erst mal etwas verwirrend, ist es aber gar nicht.

Die LILD-Technik ist vor allem für fortgeschrittene luzide Träumer sehr zu empfehlen. Denn um diese Technik überhaupt erst mal anwenden zu können, benötigt man einen Klartraum. Jetzt fragst du dich wahrscheinlich, wieso man einen luziden Traum braucht, um einen luziden Traum zu erhalten. Das ergibt doch gar keinen Sinn, oder? Wenn man sowieso schon luzid träumt, wieso sollte man dann nochmal versuchen, luzid zu träumen? Und wie kann es sein, dass man das Ziel benötigt, um beim Ziel anzukommen (also einen Klartraum, um einen Klartraum herbeizuführen)?

Für all die aufkommenden Fragen, gibt es eine ganz simple Erklärung: Mit Hilfe der LILD-Technik soll man nicht bewirken, einen neuen Klartraum herbeizuführen, sondern die Wahrscheinlichkeit für weitere luzide Träume und die Anzahl der Klarträume, die man in der Zukunft haben möchte, erhöhen. Die LILD-Technik sorgt also nicht für einen kurzfristigen Erfolg, sondern für einen langfristigen.

Die LILD-Technik funktioniert folgendermaßen: Die Anzahl und Häufigkeit deiner luziden Träume, lässt sich dadurch steigern, dass es jemanden gibt, der dich in deinen Träumen immer daran erinnert, dass du gerade träumt. So jemand nennt sich „Traumhelfer". Diese Peron taucht natürlich nicht von heute auf morgen plötzlich in einem deiner Träume auf und flüstert dir ins Ohr, dass du träumst. Du musst diese Person in einem luziden Traum erst mal erschaffen.

Es gibt mit Sicherheit jemanden in deinem Leben, mit dem du sehr viel Zeit verbringst, den du unheimlich gerne hast und dem du immer vertraust, komme, was wolle. So eine Person eignet sich natürlich am besten als Traumhelfer. Denn wenn du ihr im realen Leben schon so nah bist, dann wird es dir auch im Traum nicht schwer fallen, ihr näher zu kommen und dich auf sie zu verlassen. Außerdem wird diese Person sowieso in vielen deiner Träume vorkommen, weil die Wahrscheinlichkeit einfach höher ist, dass du von jemandem träumst, der einen großen Teil deines Lebens einnimmt, als von irgendeiner wildfremden, erfundenen Person.

Du kannst natürlich auch jemanden als deinen Traumhelfer wählen, der nicht in deinem realen Leben existiert, in deinen Träumen jedoch häufig vorkommt. Denn auch hier ist die Wahrscheinlichkeit sehr hoch, dass diese Person auch weiterhin regelmäßig auftauchen wird.

Deiner Kreativität sind jedoch, wie immer in einem luziden Traum, überhaupt keine Grenzen gesetzt. Wenn du also keine Person als deinen Traumhelfer haben möchtest, dann kannst du zum Beispiel auch ein sprechendes Tier oder einen lebendigen Gegenstand wählen.

Natürlich kannst du auch einen komplett neuen Menschen, ein Tier oder sonst was erschaffen. Jedoch kann ich dir das eher nicht empfehlen. Es kann nämlich passieren, dass du vergisst, wie dein neuer Traumhelfer aussieht und er nie wieder in einem Traum auftaucht oder dass du ihm nicht vertraust, weil du ihn ja noch gar nicht wirklich kennst.

Wähle also am besten jemanden, den du bereits kennst – ob aus deinen Träumen oder aus der Wachwelt – und mit dem du auf irgendeine Weise schon vertraut bist. Das Vertrauen zu deinem Traumhelfer ist nämlich super wichtig. Es bildet die Grundlage dafür, dass die LILD-Technik überhaupt erst funktionieren kann.

Sobald du dir einen Traumhelfer ausgesucht oder neu erschaffen hast, geht es darum, ihm dein Anliegen mitzuteilen. Sprich mit ihm und sag ihm, dass es dir sehr wichtig wäre, wenn er dich jedes Mal daran erinnern würde, dass du träumst und bitte ihn darum, diese Aufgabe auch wirklich zu erfüllen und sein Versprechen (falls es ein Versprechen seinerseits gibt) einzuhalten.

Und an dieser Stelle kommt auch das super wichtige Vertrauen ins Spiel. Natürlich existiert dein Traumhelfer nicht wirklich, sondern ist nur eine weitere Erfindung und Vorstellung deines Gehirns. Somit ist er einfach nur ein Teil deines Unterbewusstseins. Wenn du also jemanden zu deinem Traumelfer auserwählst, dem du gar nicht vertraust, dann vertraust du im Umkehrschluss dir selber nicht, weil der Traumhelfer ja nur ein Teil von dir ist. Sobald also kein Vertrauen herrscht, wird dein Ziel, häufiger und mehr luzid zu träumen, scheitern. Denn wenn du dich nicht auf deinen Traumhelfer verlassen kannst, dann verlässt du dich im Prinzip einfach nicht auf dich selbst. Das bedeutet, du denkst: „Ich werde von meinem Traumhelfer sowieso nicht daran erinnert, dass ich träume." Da der Traumhelfer aber ein Teil von dir ist, bedeutet dieser Satz ebenfalls: „Ich werde sowieso nicht erkennen, dass ich träume und keinen luziden Traum haben." Und somit wird das auch passieren. Wer nicht daran glaubt, dass er luzid werden kann, der wird das auch nicht, weil er dadurch seine Absichten in die komplett entgegengesetzte Richtung lenkt.

Suche dir also jemanden als Traumhelfer aus, dem du vertraust. Denn dadurch zeigst du gleichzeitig auch Vertrauen zu dir selbst und erhöhst die Wahrscheinlichkeit darauf, tatsächlich von deinem Traumhelfer in den nächsten Träumen daran erinnert zu werden, dass du gerade träumst.

Techniken für geübte luzide Träumer

Je länger man sich mit dem Klarträumen beschäftigt, je besser man sich damit auskennt und je mehr luzide Träume man selber schon erlebt hat, desto langweiliger wird das luzide Träumen mit der Zeit. Schon wieder durch die Gegend zu fliegen oder unter Wasser zu atmen, erscheint einem nach dem zehnten Mal auch nicht mehr besonders. Man wünscht sich ein wenig Abwechslung.

Die bekommt man am besten, wenn man ein paar neue Techniken im luziden Traum ausprobiert und sich dadurch neuen Herausforderungen stellt. So wird einem nicht langweilig und man findet eine Möglichkeit, um seine luziden Träume noch mehr zu optimieren und besser zu gestalten.

SZENENWECHSEL IM LUZIDEN TRAUM

Als erfahrener Klarträumer warst du bestimmt schon mal in der Situation, dass du dich an irgendeinem Ort befunden hast, an dem du eigentlich gar nicht sein wolltest. Egal ob es einfach nur an der Umgebung lag, an den Menschen um dich herum oder schlichtweg daran, dass du dich an diesem Ort sattgesehen hattest und einen neuen erkunden wolltest. Und dann standst du vor dem Problem, dass du nicht wusstest, wie du diesen Ort verlassen sollst.

Vielleicht hast du in dieser Situation ja einfach versucht, deine Augen zu schließen und dir einen neuen Ort vorzustellen, um beim Öffnen deiner Augen woanders zu sein. Manchmal funktioniert das, manchmal befindet man sich jedoch an derselben Stelle wie zuvor und ist noch verzweifelter als vor dem Versuch.

Gott sei Dank gibt es jedoch eine Technik, die dir dabei helfen kann, eine Traumszene ganz einfach und ohne großen Aufwand zu wechseln. Die Technik, von der ich spreche, nennt sich „Spinningtechnik“

„To spin“ bedeutet so viel wie „sich drehen“ und darum geht es bei der Spinningtechnik auch. Wenn du merkst, dass deine Lust auf die Umgebung, in der du dich bis jetzt aufgehalten hast, nach und nach verschwindet, solltest du dich hinstellen und damit beginnen, dich schnell zu drehen. Da manche Aktivitäten im Traum um einiges schwieriger auszuführen sind als im realen Leben, kann es sehr gut sein, dass du erst mal Probleme damit haben wirst, dich loszudrehen. Das kann zum Beispiel auch passieren, wenn du losrennen oder springen möchtest. Vielleicht hattest du ja schon mal einen Traum, bei dem du vor jemandem fliehen wolltest, es aber nicht konntest, weil es unmöglich war, zu rennen.

Wenn dir das Gleiche mit dem Drehen passieren sollte, kannst du dir mit bestimmten Vorstellungen weiterhelfen. Stell dir zum Beispiel vor, du wärst eine Flasche beim Flaschendrehen oder stündest auf einem kleinen, schnellen Karussell. Diese Hilfsmittel können bewirken, dass du es tatsächlich schaffst, dich schnell zu drehen, falls dir das alleine nicht gelingt.

Während du dich drehst, solltest du ganz stark an den Ort denken, an dem du dich befinden möchtest, sobald du aufhörst dich zu drehen. Wenn du kein konkretes Ziel vor Augen hast und einfach nur an irgendeinen neuen Ort willst, dann ist das natürlich auch nicht schlimm.

Nach einigen gefühlten Sekunden des Drehens, hörst du wieder damit auf. Auch das kann nicht immer ganz so einfach sein. Wenn du einfach nicht aufhören kannst, dich zu drehen, dann stell dir wieder vor, du seist irgendein sich drehender Gegenstand wie die Flasche beim Flaschendrehen oder das kleine Karussell. Denk daran, dass sich diese Gegenstände langsam aufhören zu drehen und zum Stillstand kommen, und du mit ihnen.

Sobald du dich nicht mehr drehst, solltest du eine neue Umgebung um dich herum erkennen. Falls die Spinningtechnik nicht funktioniert haben sollte, dann probiere es einfach so lange aus, bis es klappt.

AUF KOMMANDO ERWACHEN

Eine Möglichkeit, einer unangenehmen Traumszene zu entfliehen ist ja, wie du jetzt weißt, die Traumszenen einfach zu wechseln. Eine andere Möglichkeit ist, aufzuwachen. Das kannst du nicht nur machen, wenn du keine Lust mehr auf eine bestimmte Traumszene hast, sondern auch, wenn du generell keine Lust mehr hast, luzid zu träumen und einfach aufwachen willst.

Natürlich gibt es auch, wenn es darum geht, auf Kommando aufzuwachen, verschiedene Methoden, um dieses Vorhaben in die Tat umzusetzen. Doch egal, für welche Methode du dich letztendlich entscheidest, du solltest erstens mehrere Methoden ausprobieren, um die für dich beste herauszufiltern und du solltest zweitens im Voraus planen, welche Methode du im Traum dann verwenden wirst.

In der Wachwelt hast du nämlich einen klaren Kopf und kannst dir in Ruhe überlegen, welche Vorgehensweise du als sinnvoll erachtest. Im luziden Traum wird das Ganze sich schon etwas schwieriger gestalten. Denn anders als in der Wachwelt, hat man im Traum normalerweise eher nicht die Möglichkeit, sich einfach mal eben für ein paar Minuten zurückzuziehen, um sich einen Plan zu überlegen. Es ist immer etwas los und man kommt kaum zu Ruhe. Deswegen ist es ratsam, sich bereits vorher Gedanken zu machen.

Überleg dir also im Wachzustand irgendein Kommando, eine Bewegung, eine Handlung, ein Zeichen oder was auch immer dir am besten gefällt. Hauptsache, du legst etwas Bestimmtes fest, das dich in deinem Traum dazu bringt, wach zu werden. Du könntest dir zum Beispiel fest vornehmen, sofort aufzuwachen, wenn du drei Mal hintereinander die Worte: „Wach jetzt auf“ sagst. Oder du wachst immer dann auf, wenn du ganz schnell in die Hände klatschst. Oder aber, du wachst immer auf, sobald du einen Handstand machst.

Egal, welche Tätigkeit du dir letztendlich überlegst, um wach zu werden, du solltest dein Gehirn solange trainieren, bis sich diese Tätigkeit so verfestigt hat, dass das Wachwerden irgendwann ganz automatisch passiert, sobald du dir das Zeichen dafür gibst.

Das ist noch ein Grund, wieso du dir im Voraus überlegen solltest, wie dein Aufwachkommando lauten soll. Denn das ist nur der erste Schritt. Der zweite Schritt besteht darin, dir dieses Kommando einzuprägen. Am besten klappt das mal wieder mit der MILD-Technik. Generell solltest du immer die MILD-Technik verwenden, wenn du etwas Neues in deinem Klartraum ausprobieren möchtest. Während der Fokus anfangs ja immer darauf lag, sich dank der MILD-Technik zuerst an seine Träume zu erinnern und dann zu erkennen, dass man träumt, kann man den Fokus nach etwas Übung und Erfahrung mit dem luziden Träumen, auf alles setzen, was mit in seinem nächsten Klartraum erreichen möchte.

In diesem Fall ist es das Aufwachen. Denk also wenn du schlafen gehst, ganz fest an dein Ziel, es in deinem nächsten luziden Traum zu schaffen, auf dein festgelegtes Kommando hin aufzuwachen. Wenn du die MILD-Technik oft genug für dieses Vorhaben anwendest, wird sich dein spezielles Kommando so sehr verfestigen, dass dein Körper wie aus Reflex darauf hören und sofort aufwachen wird.

Eine weitere Möglichkeit, um aus einem unerwünschten Klartraum zu erwachen, ist es, seine Augen im Traum ganz fest zu schließen und sich fest vorzunehmen, sie nicht wieder im Traum zu öffnen, sondern in der Wachwelt.

Bei welcher Methode du dir eigentlich so gut wie immer sicher sein kannst, dass sie klappen wird, ist das Springen von irgendeinem hohen Gegenstand. Du hast bestimmt schon mal die Erfahrung gemacht, zu träumen, dass du irgendwo runterfällst oder runterspringst und dadurch wach wirst. Ich denke es passiert wirklich nur in den seltensten Fällen, dass man nach so einem Sturz noch weiter träumt und nicht wach wird. Und je größer der Abstand zum Boden ist, desto wahrscheinlicher ist es auch, dass du durch einen Sprung oder Sturz, wach wirst.

Such dir also irgendein Hochhaus, einen Turm oder eine Klippe. Hauptsache irgendwas, das ziemlich hoch ist. Wenn du nichts dergleichen finden solltest, dann versuche, die Traumszene zu wechseln und dich an einen Ort zu begeben, an dem du findest, wonach du suchst. Und dann musst du nur noch springen, um es zu schaffen, wach zu werden.

Wenn dir die vorgestellten Methoden nicht ganz zusagen, dann habe ich jetzt noch zwei weitere Möglichkeiten für dich, wie du aus einem luziden Traum erwachen kannst.

Möglichkeit 1: Bitte deinen Traumhelfer auch in dieser Situation um Hilfe. Ein Traumhelfer kann dir, wie du ja bereits weißt, dabei helfen, in einem Traum zu erkennen, dass du träumst. Er kann dir aber auch in anderen Punkten behilflich sein. Wenn du noch keinen Traumhelfer hast, dann musst du natürlich erst mal einen erschaffen, dem du vertraust. Wenn es aber bereits jemanden gibt, der dir immer dabei hilft, herauszufinden, dass du luzid bist, dann kannst du diesen Traumhelfer fragen, ob er dir auch dabei helfen könnte, aus unangenehmen Träumen aufzuwachen.

Du kannst deinem Traumhelfer dann genau erklären, was er machen oder sagen soll, damit du wach wirst. Du kannst sogar festlegen, ob er dir immer erst dann helfen soll, wenn du speziell danach fragst oder ob er immer schon von alleine merken soll, wann du Hilfe beim Aufwachen brauchst. Da dein Traumhelfer ja einfach nur ein Teil von dir und deines Unterbewusstseins ist, wird das auch funktionieren. Er wird direkt wissen, wenn es soweit ist und du aufwachen möchtest.

Dein Traumhelfer könnte dir beispielsweise behilflich sein, in dem er dir bestimmte Worte oder Sätze sagt, die dich dazu bringen sollen, zu erwachen. Er kann dir aber auch dabei helfen, bestimmte Handlungen, die du ausführen musst, um wach zu werden, auch wirklich durchzuziehen. Wenn du zum Beispiel Angst davor hast, im Traum von einer Klippe zu springen, dann kannst du deinen Traumhelfer darum bitten, dich einfach runter zu schubsen. Denn wenn du dich nicht traust, zu springen, wirst du auch nicht wach.

Möglichkeit 2: Hör einfach auf, dich auf den luziden Traum zu konzentrieren. Ein Klartraum funktioniert nur dann, wenn du ständig aktiv bist, Interesse zeigst und deine Umgebung bewusst wahrnimmst. Sobald du nur herumstehst und dir alles um dich herum egal wird, steigt die Wahrscheinlichkeit enorm, dass der luzide Traum schon bald verblasst. Je weniger du dich also auf deinen luziden Traum konzentrierst, desto schwächer wird er, bis du im besten Fall letztendlich aufwachst.

Wie du siehst, gibt es viele verschiedene Methoden, um aus einem luziden Traum zu erwachen, in dem man sich nicht mehr befinden möchte. Ich würde dir empfehlen, jede Methode einige Male auszuprobieren, um herauszufinden, welche bei dir am besten funktioniert und für dich am zuverlässigsten ist.

DEN VERSCHWOMMENEN TRAUM STABILISIEREN

Um aus einem luziden Traum zu erwachen, muss man ja damit aufhören, sich auf diesen zu konzentrieren und dem Traum gegenüber immer desinteressierter werden. Wenn du merkst, dass dein Klartraum langsam unklar wird, immer mehr verblasst und du schon bald aufzuwachen drohst, dann solltest du das genaue Gegenteil unternehmen, nämlich dich auf den verblassenden Traum konzentrieren.

Wenn tatsächlich eine hohe Wahrscheinlichkeit besteht, dass du bald aufwachen könntest, dann merkst du das daran, dass dein luzider Traum immer mehr verschwimmt, und zwar in jeglicher Hinsicht. Die Traumszenen, die du siehst, werden immer unschärfer, bis das, was du wahrnimmst, irgendwann vielleicht sogar gar keinen Sinn mehr ergibt. Die Geräusche werden immer undeutlicher und unlogischer, bis dein Gegenüber nur noch irgendwelche Wörter aneinanderreiht, die keinen Sinn mehr ergeben und du irgendwann auch noch dazu akustisch nicht mehr verstehen kannst, was diese Person dir gerade mitteilen will.

Außerdem spürst du den Traum nicht mehr. Er fühlt sich für dich plötzlich einfach nicht mehr real an. Du fühlst dich nicht so, als seist du ein Teil von ihm und entfernst dich immer weiter von diesem Traum, bis du damit beginnst, die Realität zu spüren. Du merkst, dass du dich in deinem Bett befindest, spürst dein Kissen unter deinem Kopf und die Decke über deinem Körper. Die Traumszenen sind nun endgültig weg und die Geräusche, die du wahrnimmst, kommen aus der Wachwelt. Du bist endgültig wach.

Du erinnerst dich bestimmt noch an die mögliche Ausführung der WILD-Methode, bei der es darum geht, sich beim Einschlafprozess auf seine verschiedenen Sinneseindrücke zu konzentrieren. Zunächst sieht, hört und fühlt man nicht so viel. Doch je entspannter man wird und je näher man sich dem Einschlafen nähert, desto mehr Sinneseindrücke nimmt man wahr. Man sieht langsam kleine Lichteffekte, Bilder und Szenen, hört zuerst Geräusche und anschließend ganze Gespräche und spürt die Traumumgebung immer mehr und mehr.

Ein verblassender luzider Traum, ist wie die WILD-Technik, nur in umgekehrter Reihenfolge. Statt langsam aber sicher bei klarem Bewusstsein in den Klartraum zu schreiten, schreitet man langsam aber sicher aus ihm heraus. Manchmal kommt das ganz gelegen, wenn man sowieso keine Lust mehr auf diesen Traum hat. Manchmal befindet man sich jedoch gerade in einem super spannenden oder einfach nur tollen luziden Traum und ist noch lange nicht bereit dazu, diesen zu verlassen.

In so einem Fall, solltest du deine volle Konzentration auf den immer blasser werdenden Traum richten. Schärfe deine Sinne. Was siehst du? Was hörst du? Was fühlst du? Was riechst du und was schmeckst du? Richte deinen Fokus jeweils für gefühlte fünf Sekunden auf einen Sinn und wandere dann zum nächsten. Mach diese Konzentrationsübung so lange, bis du das Gefühl hast, dein Traum habe sich ausreichend stabilisiert.

Wenn du merkst, dass dein Traum langsam verblasst und du schon sehr bald aufwachen könntest, dann ist das allerletzte, das du tun solltest, regungslos dazustehen und darauf zu hoffen, dass dein Traum sich schon bald wieder stabilisieren wird. Denn das wird nicht von alleine passieren. Ganz im Gegenteil: durch deine Regungslosigkeit nimmst du nicht mehr aktiv an deinem luziden Traum teil. Und je weniger du teilnimmst, desto höher ist die Wahrscheinlichkeit, dass der Traum verblasst. Nichts zu unternehmen, hat also den gleichen Effekt, wie Desinteresse am Traum zu zeigen. Achte also darauf, dass du nicht in eine Art „Schockstarre“ gerätst, aus Angst, du könntest aufwachen. Denn genau das wird dann leider auch passieren.

Werde stattdessen noch aktiver, als du es davor schon warst. Unternimm etwas. Fliege durch die Gegend, verändere deine Umgebung, erschaffe neue Traumcharaktere und rede mit ihnen. Egal wofür du dich entscheidest. Hauptsache, du machst etwas.

Am besten ist es natürlich, wenn du im Voraus schon festlegst, was genau du im Falle eines verblassenden Traums unternehmen wirst. Denn wenn du das nichts tust, kann es sehr schnell passieren, dass du dich im Fall eines verblassenden Traums überfordert und unter Druck gesetzt fühlen wirst, so schnell wie möglich eine Aktivität zu finden. Durch diesen Druck wirst du zu gar keiner Lösung kommen, weil du nicht in der Lage sein wirst, rational zu denken. Und somit wirst du letztendlich ungewollt dann doch aufwachen. Mach dir also schon im Wachzustand darüber Gedanken, was du machen wirst, wenn ein Klartraum immer unklarer wird und du kurz vor dem Aufwachen stehst.

Eine weitere Möglichkeit zur Stabilisierung des luziden Traums, kennst du bereits in einem anderen Zusammenhang schon. Es geht darum, sich im Kreis zu drehen. Wie du weißt, kann durch diese Technik eine neue Traumszene erschaffen werden. Doch nicht nur das. Auch das Stabilisieren einer bereits vorhandenen Traumszene, ist durch das schnelle Drehen möglich. Wenn du deine bisherige Traumszene trotz der Drehung aufrechterhalten willst, dann konzentriere dich fest darauf und denke beim Drehen nur an diese Szene. Ansonsten wird sich die Traumszene in den meisten Fällen durch das Drehen ändern.

Wenn du der Meinung bist, du könntest bei der Stabilisierung deines Klartraums noch etwas Hilfe gebrauchen, dann kannst du auch diesmal von deinem Traumhelfer Gebrauch machen. Bitte ihn darum, dir dabei zu helfen, dein klares Bewusstsein beizubehalten. Erkläre ihm ganz genau, was zu tun ist. Wie immer solltest du am besten bereits im Wachzustand festlegen, was dein Traumhelfer im Falle eines immer näher kommenden Klartraumverlustes zu tun hat. Du könntest ihm beispielsweise sagen, dass er immer dann, wenn du merkst, dass dein Traum langsam zu verblassen anfängt, ganz viel reden soll. So bringst du mehr Aktivität in deinen luziden Traum und fütterst deinen Gehörsinn.

Deinen Traumfokus kannst du auch vergrößern, indem du alles, was du so in deinem Traum findest, abtastest. Wie fühlen sich die Wände des Hauses an, in dem du dich befindest und wie fühlen sich die ganzen Gegenstände an, die sich ebenfalls im Haus befinden? Konzentriere dich auf deinen Tastsinn und stabilisiere so deinen luziden Traum.

Eine Sache, die du unbedingt vermeiden solltest, wenn du deinen Klartraum stabilisieren willst, sind negative Gedanken. Wie du weißt, entsteht alles, was in einem luziden Traum passiert, genauso wie der luzide Traum selbst, durch dein Unterbewusstsein. Du erschaffst und kontrollierst deinen Klartraum. Das, was du denkst, passiert letztendlich auch. Wenn deine Gedanken also voller

Angst sind, du könntest aufwachen und dein luzider Traum könnte somit zu Ende gehen, dann ist es sehr wahrscheinlich, dass das letztendlich auch wirklich passiert. Wenn du jedoch optimistisch bleibst und fest daran glaubst, dass dein Traum sich schon sehr bald wieder stabilisieren und weitergehen wird und du unter keinen Umständen aus ihm erwachen wirst, dann steigt auch hier die Wahrscheinlichkeit dafür, dass sich deine Gedanken verwirklichen. Das, was du denkst, spiegelt sich auch in deinen luziden Träumen wider. Denk immer daran.

Die letzte Möglichkeit, einen verschwommenen Klartraum zu stabilisieren, ist folgende: Nehmen wir mal an, du gerätst in deinem luziden Traum an den Punkt, an dem dein Traum schon so sehr verblasst ist, dass du alles nur noch verschwommen siehst, nicht mehr so richtig hören kannst und kaum noch etwas riechst, schmeckst oder fühlst. Stell dir in so einem Moment vor, dass du gerade einen Ganzkörperanzug trägst, der all deine Sinne schwächt.

Dieser Anzug ist so dicht, dass er dich fast komplett von deiner Außenwelt abschottet. Und dann stell dir vor, wie du den Reißverschluss dieses Anzugs öffnest. Du ziehst ihn von oben nach unten aus. Erst werden deine Augen befreit und du siehst plötzlich wieder. Dann werden deine Ohren aus dem Anzug rausgezwängt, wodurch du wieder hören kannst. Anschließend gleitet der Anzug über deine Nase und deinen Mund. Auch dein Geruchs –

und Geschmackssinn können nun endlich wieder funktionieren. Je weiter du diesen Anzug runterziehst, desto mehr Partien deines Körpers können wieder fühlen. Sobald du dich komplett von dem Ganzkörperanzug befreit hast, funktionieren all deine Sinne wieder einwandfrei und dein Klartraum ist stabilisiert.

Du kannst den Spieß aber auch umdrehen. Anstatt dich von irgendetwas zu befreien, dass deine Sinneswahrnehmung einschränkt, kannst du auch bestimmte Werkzeuge verwenden, die deine Sinne verbessern. Wenn du plötzlich nur noch sehr unklar siehst, dann zieh eine Brille auf, um wieder klar zu sehen. Wenn du nur noch zusammenhangslose Sätze oder nur Geräusche hörst, dann zieh dir ein Hörgerät an. Wenn du nichts mehr riechst, dann setze dir eine Hundenase auf. Wenn du nichts mehr schmeckst, dann nimm eine Tablette, die deinen Geschmackssinn wieder verstärken kann und wenn du nichts mehr fühlst, dann zieh dir Zauberhandschuhe an, die deinen Tastsinn wiederherstellen. Werde kreativ und überlege, was du machen kannst, um deinen luziden Traum zu stabilisieren.

NACH UND NACH NEUE WELTEN ERSCHAFFEN

Wenn ich dir sage, dass deiner Kreativität und deinen Möglichkeiten in einem luziden Traum überhaupt keine Grenzen gesetzt sind, dann meine ich das auch genauso. Wir hören den Satz, unserer Kreativität seien ja keine Grenzen gesetzt, immer wieder in unserem echten Leben. Doch ab einem bestimmten Punkt, gibt es im echten Leben leider nun mal doch Grenzen. Wir können nicht alles tun und lassen, was wir möchten, auch wenn es uns manchmal so vorkommt. Manche Dinge sind einfach unmöglich, zumindest bis jetzt.

Wenn es jedoch um das luzide Träumen geht, entspricht dieser bekannte Satz tatsächlich der Wahrheit. Es gibt nämlich nichts, was du in einem Klartraum nicht ausprobieren kannst. Das ist ja das Schöne an der ganzen Sache.

Dadurch, dass wir jedoch nicht daran gewöhnt sind, wirklich alles machen zu können, was wir wollen, sind unser Bewusstsein und unsere Kreativität diesbezüglich ziemlich eingeschränkt. Aus diesem Grund kann es schnell passieren, dass das luzide Träumen als gar nicht so besonders und im schlimmsten Fall sogar als langweilig abgestempelt wird. Wenn man weiß, dass man träumt, in dem Traum aber nichts oder nur kaum etwas macht, das man nicht auch im echten Leben machen könnte, dann ist das luzide Träumen natürlich unnötig und langweilig. Da ist es dann wahrscheinlich sogar noch viel spannender, einen gewöhnlichen Traum zu erleben, über den man überhaupt keine Kontrolle hat und von dem man sich einfach überraschen lassen kann.

Es ist also wichtig, zu verstehen, dass ein luzider Traum nur so aufregend und spannend sein kann, wie du ihn gestaltest und dass deiner Kreativität wirklich überhaupt keine Grenzen gesetzt sind. Das klingt vielleicht ganz plausibel, ist aber gar nicht so einfach umzusetzen. Stell dir mal vor, du müsstest eine neue Farbe erfinden. Gar nicht so leicht, nicht wahr?

Deine volle Kreativität im Klartraum zu nutzen, passiert also nicht von heute auf morgen. Du musst dich langsam aber sicher an die Sache herantasten. Fange ganz klein an und werde immer größer. Wenn du nach einigen luziden Träumen das Gefühl hast, dass diese ja gar nicht so toll sind, wie du es dir erwünscht hast, dann gib nicht einfach auf, sondern bleib dran. Denk nicht, dass das, was du in deinen Klarträumen bis zu diesem Zeitpunkt erlebt hast, das Maximum an Klartraumerlebnissen ist. Du hast einfach noch nicht ausreichend Übung darin, kreativ zu sein.

Deine ersten luziden Träume, solltest du so simpel wie möglich halten, um dich an das Gefühl, dich bewusst in einem Traum zu befinden und diesen kontrollieren zu können, erst mal zu gewöhnen. Danach kannst du langsam damit beginnen, Dinge zu machen, die im echten Leben nicht ganz so einfach möglich, aber dennoch nicht unmöglich wären. Triff dich zum Beispiel mit deinem Schwarm, der im wahren Leben nichts von deiner Existenz weiß, auf ein erstes Date oder lade deinen besten Freund/deine beste Freundin, der/die eigentlich in einem anderen Land wohnt als du, zum Essen ein. Leg dich an den Strand und genieße die warme Sonne und das Meer, obwohl in Wirklichkeit gerade Winter ist und du in nächster Zeit weder mit Hitze, noch mit einem Strand und dem Meer in Berührung kommen wirst oder kauf dir das Auto, das du dir in der Wachwelt noch nicht leisten kannst.

All diese Dinge sind in der echten Welt schwer zu erreichen, aber nicht unmöglich. Deswegen wird es für dein Unterbewusstsein auch nicht so schwer sein, diese Dinge in einem luziden Traum zu erschaffen. Sobald du soweit bist, dass du schwer erreichbare Dinge, in deinen Klarträumen wahr werden lassen kannst, kannst du dich auch einen Schritt weiter trauen und Dinge in deinen luziden Träumen ausprobieren, die im echten Leben nicht möglich sind, im Klartraum aber trotzdem keinen allzu hohen Anspruch haben.

Dazu gehört zum Beispiel das Fliegen, übernatürlich hohes Springen oder das Atmen unter Wasser. Solche Aktivitäten erfordern keine hohe Kreativität und auch die Konzentration lässt sich auf nur eine Sache richten.

Der nächste Schritt erfordert jedoch schon etwas mehr Kreativität und Konzentration. Es geht nämlich darum, etwas Neues zu erschaffen. Das kann zum Beispiel eine Zeitmaschine oder ein fliegendes Auto sein. Während du dich beim vorherigen Schritt nur darauf fokussieren musstest, eine bestimmte Aktivität zu durchzuführen, musst du jetzt etwas erfinden, designen und erschaffen. Wie soll die Zeitmaschine aussehen, wie soll sie bedient werden, wie genau soll sie funktionieren und welche Fähigkeiten soll sie haben?

Doch nicht nur die Zeitmaschine steht dann im Mittelpunkt, sondern auch das, wofür sie da ist. Wo soll die Zeitmaschine dich hinbringen können? In die Zukunft oder in die Vergangenheit? Oder vielleicht doch beides? Wie sieht die Vergangenheit aus und wie die Zukunft? Auch an dieser Stelle ist deine Kreativität gefragt. Eine Zeitmaschine bringt dir ja schließlich nichts, wenn jedes Jahr, in das du mit ihr reist, genau gleich aussieht, und zwar wie die Gegenwart. Etwas Neues zu erschaffen, ist also schon ein wenig anspruchsvoller.

Je mehr Übung du jedoch darin hast, desto kreativer wirst du auch sein und desto vielfältiger, spannender und großartiger werden auch deine luziden Träume. Du wirst immer mehr erfinden und erschaffen können, bis du irgendwann sogar ganz neue Welten bauen werden kannst.

Dadurch werden deine luziden Träume nicht größtenteils genauso ablaufen wie dein echtes Leben und nur ein paar kleine Änderungen enthalten, sondern dir eine Möglichkeit bieten, in ein komplett anderes Universum zu schlüpfen. Und wenn du das schaffst, dann wird das Klarträumen für dich alles andere als langweilig sein.

DIE ÜBERWINDUNG ALLER GESETZE

Um im luziden Traum auch wirklich alles machen zu können, was du willst, musst du dich erst mal von bestimmten Blockaden und Denkmustern trennen. Denn wenn du das nicht tust, verschaffst du dir keinen Zugang zu deiner vollen Kreativität. Diese Blockaden und Denkmuster, von denen ich spreche, sind nichts anderes, als alle möglichen Gesetze.

Wer immer noch glaubt – ob bewusst oder unterbewusst – in Klarträumen würden Gesetze existieren, der irrt sich nicht nur gewaltig, sondern steht sich noch dazu selber im Weg. Sich von solchen Gesetzen jedoch zu verabschieden, ist gar nicht so einfach. In wessen Unterbewusstsein immer noch verankert ist, dass wir Menschen nun mal nicht ohne jegliche Hilfsmittel fliegen können, der wird im Traum extreme Schwierigkeiten damit haben, loszufliegen und wer immer noch der festen Überzeugung ist, dass der Himmel nicht neongrün leuchten kann, der wird in seinen luziden Träumen, nicht mal die Farbe des Himmels verändern können. Von den großen Veränderungen und Aktivitäten, um die sich das letzte Kapitel drehte, ganz zu schweigen.

Es ist also wichtig, zu lernen, die reale Welt von der Traumwelt zu trennen und sich immer wieder vor Augen zu führen, dass die Naturgesetze aus der realen Welt, auch nur in der realen Welt funktionieren und nicht in der Traumwelt. In der Traumwelt gibt es nämlich keine Gesetze. Und wenn doch, dann nur, weil du diese Gesetze erschaffen hast. Bedenke, dass du dich von jeglichen Gesetzen, die dein Unterbewusstsein festgelegt hat, auch wieder trennen kannst. Das solltest du sogar, um dich selber nicht mehr einzuschränken und den luziden Traum wirklich nutzen zu können.

Leider gibt es dafür keine spezielle Formel. Du musst einfach immer wieder versuchen, dich davon zu überzeugen, dass diese Gesetze nicht existieren. Wenn etwas, das du im Klartraum gerne machen würdest, einfach nicht klappt, weil du noch so sehr an den im echten Leben geltenden Gesetzen hängst, dann musst du es einfach so lange versuchen, bis du dich selbst vom Gegenteil überzeugen kannst und bis es funktioniert.

Wenn du Beispielsweise einfach nicht losfliegen kannst, weil in deinem Kopf noch der Gedanke überhandnimmt, dass Menschen nun mal nicht fliegen können, dann stell dir im luziden Traum so fest vor, dass du gleich vom Boden anhebst, bis es funktioniert. Wenn dir das zu schwierig ist, kannst du auch erst mal ein paar Hilfsmittel verwenden. Stell dir zum Beispiel vor, du sitzt in einem Flugzeug, das nach und nach immer mehr Teile verliert.

Doch egal wie viele Teile wegfallen, das Flugzeug fliegt zusammen mit dir weiter. Und wenn dann nur noch dein Sitz übrig bleibt, dann fliegst du eben nur auf diesem Sitz. Irgendwann verschwindet auch der Sitz und du fliegst trotzdem weiter.

Wenn du dank verschiedener Hilfsmittel mit der Zeit ein Gefühl dafür bekommen hast, dass das Fliegen wohl doch möglich zu sein scheint, obwohl es den Naturgesetzen widerspricht, wirst du es auch irgendwann ohne jegliche Hilfsmittel schaffen, zu fliegen. Das gilt natürlich nicht nur für das Fliegen, sondern für alle möglichen Bereiche der Klarträumens, die gegen die Naturgesetze verstoßen. Also so gut wie alle. Je öfter du etwas machst, das im echten Leben wegen irgendwelcher Gesetze gar nicht möglich wäre, desto selbstverständlicher wird das für dich sein und desto einfacher wird es dir nach und nach fallen, gegen alle Naturgesetze zu verstoßen und deine Kreativität ohne jegliche Blockaden zu enthalten.

Das gilt natürlich nicht nur für alle Naturgesetze, sondern auch für alle staatlichen Gesetze. Du kannst im Klartraum Autos klauen, Banken überfallen und gegen alle möglichen Gesetze verstoßen, an die du dich im echten Leben besser halten solltest. Dir wird nichts passieren, solang du dir dessen bewusst bist. Wenn du im luziden Traum nämlich denkst, es sei illegal, eine Bank auszurauben und die Polizei würde jeden Moment da sein, dann wird das auch so passieren. Denn dank deines Gedankengangs, erschaffst du die Polizei und führst sie zu dir. Wenn du jedoch denkst, dass es vollkommen in Ordnung und sogar gestattet ist, eine Bank auszurauben, dann wird das auch so sein.

Du musst deine luziden Träume natürlich nicht komplett gesetzesfrei gestalten, wenn du das nicht möchtest. Manchmal ist es tatsächlich sogar sinnvoller, wenn es bestimmte Gesetze gibt, sogar im Klartraum. Leg doch einfach neue Gesetze fest, die dir lauter Vorteile bringen.

Es könnte zum Beispiel das Gesetz geben, dass nur du fliegen kannst und sonst niemand. Das wird dir dann bei möglichen Verfolgungsjagten sehr behilflich sein. Wenn du nämlich fliehen musst, wird dich niemand einholen können, da niemand außer dir fliegen kann. Du kannst aber auch ein neues Naturgesetz erfinden und dadurch die Gravitation komplett abschaffen, sodass alles auf der Erde wie im Weltall schwebt.

Das Beste an der ganzen Sache ist, dass du alle Gesetze, je nach Lust und Laune und vor allem je nach Situation, immer wieder verändern kannst und somit sehr flexibel bist. Du passt nicht dich an die Gesetze, sondern die Gesetze immer an dich an.

Trenne dich also von Gesetzen, die dich in deinen luziden Träumen einschränken. Ob es sich dabei um Naturgesetze handelt oder um staatliche Gesetze, ist dabei völlig egal. Erfinde stattdessen neue Gesetze, die dir in deinem luziden Traum neue Vorteile bringen, anstatt dich einzuschränken. Je flexibler du das Ganze gestaltest und je besser du dich von dem Gedanken trennst, dass du dich an irgendwelche bestimmten Gesetze halten musst, desto besser werden deine luziden Träume.

Probleme lösen mit Hilfe des Klartraums

Zu Beginn dieses Ratgebers hast du ja bereits erfahren, dass das luzide Träumen dir nicht nur dabei helfen kann, mehr Spaß in deinem Leben zu haben und dir endlich lang ersehnte Wünsche zu erfüllen, sondern dir auch dabei helfen kann, ernsthafte Probleme zu lösen. Einige Beispiele für solche Probleme, habe ich dir bereits vorgestellt. Doch es gibt noch mehr Bereiche, in denen du das Klarträumen nutzen kannst, um eine passende Lösung für deine Probleme zu finden und diese somit aus dem Weg zu schaffen. Welche Bereiche genau das sind, erfährst du in den nächsten Kapiteln.

DURCH LUZIDES TRÄUMEN SEINE BEDÜRFNISSE BEFRIEDIGEN

Es gibt bestimmt gewisse Dinge in deinem Leben, die du super gerne machen würdest, auf die du aber aus diversen Gründen verzichten musst. Vielleicht gehst du gerne joggen, kannst das jedoch in nächster Zeit erst mal nicht mehr machen, weil du dir ein Bein gebrochen hast. Vielleicht isst du gerne Süßigkeiten, darfst dies aber nicht allzu oft tun, weil du Diabetiker bist. Vielleicht musstest du dein liebstes Hobby aus gesundheitlichen Gründen sogar aufgeben.

Jeder Mensch kennt in seinem Leben irgendwelche Einschränkungen. Es gibt immer irgendeinen Haken und irgendein Problem, das bewirkt, dass wir unser Leben nicht in vollen Zügen genießen können und uns bestimmte Bedürfnisse verkneifen müssen, weil uns etwas im Weg steht, das uns verbietet, diesen Bedürfnissen nachzugehen.

Wenn unsere größten Wünsche und Träume nicht von heute auf morgen erfüllt werden können, dann können wir das nachvollziehen und damit leben. Im Idealfall sind wir sogar trotzdem glücklich. Handelt es sich jedoch um unsere täglichen, für uns persönlich wichtigsten Bedürfnisse, so wird es schwierig, darüber hinweg zu sehen, dass unsere Bedürfnisse unbefriedigt bleiben. Dadurch sind wir ständig unzufrieden und dies führt wiederum dazu, dass wir unglücklich werden.

Für ein schönes Leben ist es also wichtig, seinen individuellen Bedürfnissen nachzugehen. Wenn das im echten Leben jedoch aus bestimmten Gründen gar nicht möglich oder nur begrenzt möglich ist, gibt es zum Glück noch eine weitere Methode, um seinen Bedürfnissen nachzugehen. Ich spreche selbstverständlich vom luziden Träumen.

Vielleicht denkst du dir jetzt: „Das ist doch nicht das Gleiche, seine Bedürfnisse nur in einem Traum zu befriedigen wie im echten Leben." Es ist zwar nicht das Gleiche, aber sehr ähnlich ist es auf alle Fälle schon. Ein Klartraum ist nicht mit einer einfachen Vorstellung gleichzusetzen. Wenn du beispielsweise eine Glutenintoleranz hast und dir vorstellst, wie du genüsslich eine riesige Pizza isst, dann wirst du dadurch kein Sättigungsgefühl erleben. Ganz im Gegenteil: die Vorstellung wird dich nur noch hungriger machen. Dir wird das Wasser im Mund zusammenlaufen und deine Lust auf Pizza wird immer weiter steigen.

Bei einem luziden Traum läuft das Ganze zum Glück jedoch anders ab. Denn ein Klartraum ist viel realistischer als eine Vorstellung. Bei einem Klartraum hast du wirklich das Gefühl, in diese Pizza zu beißen und sie zu schmecken. Die Intensität des Erlebten in einer gewöhnlichen Vorstellung, kommt nicht annähernd an die Intensität des Erlebten in einem Klartraum heran.

Und da dir diese Pizza so real erscheinen wird, wird auch die Wirkung im luziden Traum fast dieselbe sein wie in der Wachwelt. Für die Befriedigung deines Bedürfnisses nach Pizza, wird es kaum einen Unterschied machen, ob du diese Pizza in einem Klartraum isst oder in der realen Welt.

Wenn du die Pizza am Ende deines luziden Traums verspeist, kann es sogar sehr gut möglich sein, dass du dich nach dem Aufwachen erst mal satt fühlen wirst. Unser Gehirn ist nun mal nicht allwissend und lässt sich manchmal sehr gut täuschen.

Diese Methode ist übrigens auch für alle Menschen sehr sinnvoll, die ein wenig abnehmen wollen oder die unter Heißhungerattacken leiden. Wenn du dich angesprochen fühlst, dann versuch doch einfach mal, dich in einem luziden Traum vollzuessen und somit deine Heißhungerattacken im wachen Zustand zu minimieren.

Wie du siehst, bietet dir das Klarträumen eine sehr tolle Möglichkeit, um deine täglichen Bedürfnisse zu befriedigen. Natürlich ersetzt das luzide Träumen die reale Welt nicht. Vor allem, wenn es um die Grundbedürfnisse eines jeden Menschen geht. Du kannst nicht plötzlich von nun an nur noch in deinen Träumen essen, trinken und auf Toilette gehen. Das funktioniert natürlich nicht. Aber was du auf jeden Fall machen kannst ist, das luzide Träumen dafür zu nutzen, dir dein Leben ein bisschen schöner zu machen und auf Bedürfnisse, die du in der Wachwelt nicht befriedigen kannst, in deinen luziden Träumen einzugehen und dir dadurch selber einen großen Gefallen zu machen.

DER KLARTRAUM DIENT ALS PROBEMÖGLICHKEIT

Steht irgendein wichtiges Ereignis an, für das du noch sehr lange und intensiv üben musst? Reicht deine Zeit nicht aus, um etwas Bestimmtes zu lernen oder einzustudieren? Stehst du so sehr unter Stress, dass du kreative Blockaden bekommst und dir nichts mehr einfällt, um etwas noch mehr zu verbessern und interessanter zu gestalten?

All das stellt kein allzu großes Problem dar, wenn du weißt, wie man luzid wird. Denn egal worauf du dich vorbereiten, was du einstudieren oder wofür du lernen musst, das luzide Träumen ist auch diesmal ein fleißiger Helfer, und zwar bei allem, was du machst.

Nehmen wir mal an, dir steht eine sehr wichtige Prüfung bevor. Leider hast du erstens nicht so viel Zeit, um ausreichend zu lernen und zweitens will der ganze Stoff sich einfach nicht in deinem Gehirn festsetzen. Aus diesen Gründen machst du dir selber noch dazu immer mehr Stress, was das Lernen nicht gerade einfacher macht, sondern sogar noch mehr erschwert. Um aus diesem Teufelskreis wieder rauszukommen, empfehle ich dir, das luzide Träumen anzuwenden.

Nimm dir dafür vor dem Schlafengehen ganz fest vor, in deinem nächsten Klartraum für die anstehende Prüfung zu lernen. Und dann lerne. So einfach ist das Ganze. Im luziden Traum wirst du nicht unter Stress stehen. Du wirst ausreichend Zeit haben, um dich in Ruhe hinzusetzen und den Stoff durchzugehen, der für deine Prüfung relevant sein wird.

Dank des enormen Zugriffs auf dein Unterbewusstsein, wird nicht nur dein Verständnis für den Stoff sehr stark steigen. Du wirst außerdem kreativer werden, dir hilfreiche Eselsbrücken bauen und neue Ideen sammeln, wie du die Prüfung am besten meistern kannst. Im Klartraum hast du einen leichten Zugriff auf Teile des Gehirns, die im Wachzustand nicht so einfach zu erreichen sind. Deswegen ist das Lernen in einem luziden Traum auch sehr effektiv.

Dasselbe gilt nicht nur fürs Lernen, sondern auch fürs Üben. Gibt es ein wichtiges Gespräch, das du in naher Zukunft führen wirst? Dann übe dieses Gespräch doch schon mal im Voraus in deinen luziden Träumen. So sparst du in der realen Welt wertvolle Zeit, die du für andere Dinge gebrauchen könntest und gehst trotzdem nicht unvorbereitet in dieses Gespräch. Und auch diesmal hast du wieder den Vorteil, dass deine Kreativität im Klartraum größer ist, als in der Wachwelt. So kannst du viel mehr mögliche Gesprächsabläufe, Fragen, Antworten und mögliche Konflikte durchgehen und für alles eine passende Lösung finden.

Apropos Kreativität: Gerade wenn du in deinem Leben an etwas Kreativem arbeitest, solltest du sofort an das luzide Träumen denken. Egal ob du gerade ein Theaterstück schreibst, eine Choreografie erstellst oder ein Lied komponierst: mache in allen Fällen Gebrauch vom luziden Träumen. Denn die hohe Kreativität im luziden Traum, wird sich auch auf deine Ergebnisse auswirken. So kann dein Theaterstück, deine Choreografie oder dein Lied sogar besser werden, wenn du daran in deinen luziden Träumen arbeitest. Du solltest natürlich nicht vergessen, das, was du dir in einem Traum erarbeitet hast, nach dem Aufwachen direkt aufzuschreiben. Ansonsten kann es sehr schnell passieren, dass es verloren geht. Traumerinnerungen halten in den meisten Fällen leider nicht so lange, wie Erinnerungen aus der Wachwelt. Vor allem, wenn es um Details geht. Und da es das ja bei deinen kreativen Arbeiten ja tut, solltest du wirklich unbedingt an das Aufschreiben denken.

Also warte nicht länger und nutze das luzide Träumen, um dir bei den verschiedensten Probedurchläufen, Übungen und Lernprozessen zu helfen. Du wirst es nicht bereuen, sondern ganz im Gegenteil sogar sehr davon profitieren.

SELBSTBEWUSSTSEIN STÄRKEN UND ÄNGSTE ÜBERWINDEN

Das luzide Träumen bietet dir die perfekte Möglichkeit, über dich hinauszuwachsen und dich zu trauen, deine bisherigen Grenzen zu überschreiten. Und zwar im positiven Sinne. Du kannst das Klarträumen nämlich dafür nutzen, an dir und deinen Schwächen zu arbeiten.

Aber wieso benötigt man dafür denn unbedingt einen luziden Traum? Man kann doch schließlich auch in der Wachwelt an sich arbeiten. Das stimmt natürlich und das sollte man auch machen. Es gilt sowieso immer: der luzide Traum ist dazu da, um dir zu helfen und dein Leben zu erleichtern. Er soll jedoch auf keinen Fall dein Leben ersetzen. Du solltest also niemals nur in deinen luziden Träumen bestimmte Dinge üben und an dir arbeiten, während du in der Wachwelt dann die Füße hochlegst. Das Klarträumen soll nur eine Hilfestellung sein. Der Hauptteil deines Lebens, deiner Weiterentwicklung und deiner Arbeit an bestimmten Projekten und vor allem an dir selbst, sollte immer im realen Leben stattfinden.

Das gilt natürlich auch für deine Persönlichkeitsentwicklung. Arbeite hauptsächlich tagsüber an dir selbst und an deinem Selbstwertgefühl und unterstütze diese

Arbeit nachts. Es bringt dir nichts, in einem luziden Traum total selbstbewusst zu sein und für alles eine Lösung zu finden, wenn du es nicht schaffst, diese Eigenschaften in dein reales Leben zu integrieren und von ihnen Gebrauch zu machen.

Das Klarträumen stellt insofern eine Hilfe bei deiner Persönlichkeitsentwicklung dar, als dass du im Traum keine Angst davor haben musst, zu versagen. Damit du besser verstehst, wie ich das meine, erkläre ich dir das Ganze anhand eines konkreten Beispiels:

Gehen wir mal einfach davon aus, dass du ein sehr schüchterner Mensch bist und große Angst davor hast, im Mittelpunkt zu stehen. Dir wird dann immer unglaublich heiß, dein Gesicht läuft rot an und deine Hände fangen an zu schwitzen. Wenn du etwas sagen musst, versagt deine Stimme und du würdest vor Scham am liebsten im Erdboden versinken.

Wenn du dann auch noch, aus welchem Grund auch immer, einen Vortrag halten musst, bei dem alle Augen auf dich gerichtet sind und dir jeder zuhört, dann musst du hoffen, dass du dich nicht auf der Stelle übergibst oder sogar ohnmächtig wirst. Das klingt alles sehr extrem, trifft aber dennoch auf viele Menschen zu. Denn die Angst, vor anderen Leuten zu sprechen, ist nicht selten. Ein mangelndes Selbstbewusstsein schon gar nicht.

Um seine Angst jedoch zu überwinden und sein Selbstbewusstsein zu stärken, gibt es in diesem Fall nur eine Möglichkeit, und zwar, dass man sich „einfach“ traut. Wer Angst vor dem Sprechen in der Öffentlichkeit hat, der muss in der Öffentlichkeit sprechen. Wer Angst vor Spinnen hat, der muss sich den Spinnen nähern. Wer ein geringes Selbstbewusstsein hat, der muss an einem selbstbewussteren Auftreten arbeiten, wodurch das Selbstbewusstsein nach und nach, in den meisten Fällen von alleine größer wird.

Es führt kein Weg daran vorbei. Den Dingen, die einem unangenehm sind oder eine riesen Angst einjagen, muss man sich stellen. Dadurch springt man sozusagen direkt ins kalte Wasser, was nicht wirklich angenehm ist. Wenn bei der Konfrontation mit seinen Ängsten etwas schief läuft, dann ist es wirklich passiert und es gibt kein Zurück mehr.

Anders sieht es jedoch im luziden Traum aus. Denn dort braucht man niemals Angst vor irgendwelchen Konsequenzen zu haben. Alles was passiert, findet nicht wirklich statt, sondern eben nur im eigenen Kopf. Egal wie schlimm, unangenehm oder peinlich dir etwas im Traum erscheint, es ist und bleibt im Endeffekt zum Glück ja nur ein Traum.

Deswegen ist die Überwindung, sich seinen Ängsten zu stellen, in einem luziden Traum auch nicht so groß wie im wirklichen Leben. Wenn du Angst davor hast, vor vielen Menschen zu sprechen, dann muss diese Angst in einem Traum nicht auch noch von der Angst begleitet werden, sich zu versprechen, zu stottern, zu zittern, rot zu werden oder in Ohnmacht zu fallen. Diese Angst fällt weg oder sinkt zumindest, weil sie in einem luziden Traum einfach überflüssig ist.

Übrig bleibt nur noch die eigentliche Angst, auf die man sich konzentrieren und die man überwinden möchte. Und zwar die Angst, vor vielen Leuten zu sprechen. Das luzide Träumen nimmt dir also die Möglichkeit, dich zu blamieren, einfach weg und macht dir die Konfrontation mit deiner Angst einfacher.

Ein weiterer Vorteil davon, dich in deinen Klarträumen deinen Ängsten zu stellen und an deinem Selbstbewusstsein zu arbeiten ist, dass du das beliebig oft machen kannst. Nehmen wir dafür doch mal wieder das Beispiel mit der Angst, vor vielen Leuten zu sprechen: diese Angst wirst du erst überwinden können, wenn du oft genug vor anderen Leuten sprichst. Es reicht nicht aus, sich zu einem Vortrag überwinden zu können und danach zu sagen: „Das war ja gar nicht mal so schlimm, wie ich es erwartet hätte“, wenn dein nächster Vortrag erst wieder ein Jahr später stattfinden wird. Bis dahin wird dein Gehirn nämlich gar nicht mehr wissen, wie der letzte Vortrag war und dass du ihn gar nicht so schlimm fandst. Du wirst wieder panische Angst bekommen und so gerätst du in einen nie endenden Teufelskreis.

Um deine Angst also wirklich zu überwinden, musst du dich ihr regelmäßig stellen. Das ist im echten Leben gar nicht so einfach. Wenn dein Beruf das nicht gerade von dir verlangt, wirst du wahrscheinlich eher nicht die Möglichkeit haben, jede Woche irgendeinen Vortrag zu halten. Und selbst, wenn das doch irgendwie möglich wäre: Der Aufwand, das Ganze zu organisieren, wäre ziemlich groß. Du müsstest dich jedes Mal darum kümmern, irgendwelche Vorträge zu planen, Termine zu vereinbaren, Leute zu finden, die sich deine Vorträge anhören und herauszufinden, was du überhaupt vortragen willst. Durch diesen Aufwand sinkt deine Motivation, an deiner Angst zu arbeiten, noch mehr.

Im luziden Traum hast du so einen Aufwand natürlich Gott sei Dank nicht. Du musst dir lediglich vorstellen, dich auf einer großen Bühne zu befinden und viele Menschen um dich herum zu haben, die dir zuhören, und schon passiert das. Auch der Inhalt deines Vortrags wird wie einstudiert einfach aus dir herauskommen. Du wirst dich um nichts kümmern und nichts planen müssen. Du wirst dich einfach nur direkt deiner Angst stellen und an ihr arbeiten können. Überhaupt nicht aufwendig oder kompliziert und ein guter Grund, um sich dafür zu entscheiden, in seinen Träumen an sich zu arbeiten und sich seinen Ängsten zu stellen.

Und dennoch solltest du natürlich bedenken, dass das luzide Träumen, wie gesagt, nur eine Stütze sein soll. Auch im echten Leben musst du dich deinen Ängsten stellen, um es wirklich zu schaffen, sie loszuwerden. Ansonsten kann es nämlich auch passieren, dass du zwar irgendwann keine Angst mehr davor hast, in deinen Klarträumen Vorträge zu halten und dass dein Selbstbewusstsein steigt, diese Angst und das mangelnde Selbstbewusstsein jedoch im wahren Leben weiterhin bestehen bleiben. Und das ist ja auf keinen Fall der Sinn der Sache.

THERAPIEREN DURCH DAS LUZIDE TRÄUMEN

Das luzide Träumen kann dir nicht nur bei alltäglichen Problemen wie Prüfungen, wichtigen Gesprächen, kreativen Arbeiten, Ängsten und der Persönlichkeitsentwicklung helfen, sondern auch als eine Art Therapie dienen.

Wir erleben im Laufe unseres Lebens sehr viele Dinge, die nicht unbedingt positiv sind. Mit manchen dieser Ereignisse kommen wir ganz gut klar und lernen, damit zu leben, mit anderen eher nicht. Und auch wenn wir denken, wir hätten mit einer bestimmten Sache abgeschlossen, dann muss das nicht immer der Fall sein. Manchmal sitzen unsere Wunden so tief, das wir sie mit dem bloßen Auge nicht erkennen können, sie aber trotzdem immer noch spüren und unter dem Schmerz, den sie uns zufügen, leiden.

Solche „unsichtbaren" Wunden zeigen sich meist in Form von bestimmten Verhaltensmustern, Ängsten und im schlimmsten Fall sogar Krankheiten wie zum Beispiel Depressionen. Wir fragen uns, wieso wir auf bestimmte Dinge immer gereizt reagieren oder uns in bestimmten Situationen sehr unwohl fühlen. Wir kennen das Symptom, aber nicht die Ursache. Und wie du ja bestimmt schon weißt, sollte man immer die Ursache herausfinden und diese bekämpfen und nicht nur das Symptom.

Denn wer das Symptom bekämpft, der schafft das Problem nicht aus der Welt, sondern schiebt es für eine Weile einfach nur beiseite. Sobald dann das Mittel gegen das Symptom nicht mehr wirkt, ist das Problem wieder da. Denn die Ursache, also die Wurzel des Problems, wurde nicht beseitigt und die giftige Pflanze kann dadurch immer wieder nachwachsen.

Um ernste Probleme also wirklich zu beseitigen, muss man tiefer graben. In diesem Fall, tiefer in das Gehirn. Und wie kommt man am besten an verborgende oder verdrängte abgespeicherte Informationen im Gehirn heran? Richtig: durch das luzide Träumen.

Du kannst deine Klarträume dazu nutzen, um herauszufinden, welche Ursachen es für deine Probleme gibt und woher sie kommen. Die Antwort auf diese Frage findest du in deinem Unterbewusstsein, das während des luziden Träumens ja sehr präsent ist.

Wie du mit deinem Unterbewusstsein in Kontakt trittst und dadurch feststellst, was Sache ist, erfährst du im folgenden Beispiel:

Stell dir vor, du warst früher immer ein sehr offener, fröhlicher und selbstbewusster Mensch. Du warst bei jeder Veranstaltung sofort dabei, hast die Leute unterhalten und zum Lachen gebracht und hattest viele Freunde. Doch in den letzten Jahren hat sich irgendwas verändert. Du fühlst dich oft nicht gut genug, nicht wertvoll und schon lange nicht mehr selbstbewusst. Freunde hast du auch kaum noch welche. Und die, die du noch hast, melden sich nur noch sehr selten bei dir. Aber wieso sollten sie das auch ändern? Denn jedes Mal, wenn sie dich dann doch mal anschreiben oder anrufen, um dich auf einen Kaffee einzuladen, erfindest du entweder irgendeine schlechte, überhaupt nicht glaubwürdige Ausrede und sagst ab oder du reagierst gar nicht auf die Bemühungen deiner Freunde und ignorierst sie komplett.

Fröhlich bist du auch schon lange nicht mehr. Alle Witze nerven dich, alle Leute nerven dich, du hast auf nichts mehr Lust. Aber auch dein jetziges Verhalten nervt dich und du weißt nicht, woher es kommt. Du fragst dich, wieso du dich so sehr ins Negative verändert hast, aber findest keine Antwort auf deine Frage.

In diesem Fall könntest du dich zum Beispiel an dein Unterbewusstsein wenden. Nimm dir das für deinen nächsten luziden Traum ganz fest vor. Eine Möglichkeit, um dann in deinem Klartraum mit deinem Unterbewusstsein zu kommunizieren, ist sich vorzustellen, dein Unterbewusstsein sei eine eigenständige Person. Stell dir vor, wie du dich mit der Person, die dein Unterbewusstsein widerspiegeln soll, zum Beispiel auf einen Kaffee triffst und sie alles fragst, was du über dich wissen möchtest. Frag diese Person, wieso du dein Selbstbewusstsein, die

Freude am Leben und deine humorvolle, fröhliche Art verloren hast.

In den meisten Fällen wirst du eine Antwort bekommen, mit der du eigentlich nicht gerechnet hättest, die dir aber nach längerem Überlegen, ziemlich logisch und realistisch erscheinen wird.

In diesem Fall könnte die Antwort beispielsweise lauten, dass deine toxische Beziehung, in der du dich nun schon seit einigen Jahren befindest, dich zerstört. Anfangs hat dein Partner nicht zugelassen, dass du deine Freunde siehst, dich immer kleiner gemacht, als du bist und dir eingeredet, deine fröhliche Art würde alle nur nerven und du seist sowieso wertlos.

Nach und nach wurden die Folgen dieser ganzen Aussagen immer sichtbarer, bis du irgendwann damit begonnen hast, das, was dein Partner dir an den Kopf wirft, auch wirklich zu glauben. Dein Selbstbewusstsein wurde immer schwächer, dein Humor verschwand und du hast aufgehört, dich mit deinen Freunden zu treffen. Da du deinen Partner trotz allem liebst, hast du all das Negative so sehr verdrängt, dass du letztendlich gar nicht wusstest, woher dein Charakter – und Verhaltenswechsel eigentlich kam. Du hattest Angst, deinen Partner zu verlieren, also hast du alles, was passiert ist, einfach geleugnet.

Doch egal, wie sehr man etwas verdrängt. Man wird es niemals komplett los. Es bleibt immer ein Teil des Unterbewusstseins und kann wieder an die Oberfläche gelangen, wenn man ein wenig nachhilft. Wenn man die Ursache weiß, kann man eine Lösung finden und das Problem nach und nach beseitigen. Bei diesem Beispiel wäre die Lösung, endlich mit dem Partner Schluss zu machen, egal wie schwer es einem fällt und sich einen Psychotherapeuten zu suchen, um das Erlebte zu verarbeiten.

Eine weitere Möglichkeit, mit vergangenen Ereignissen abzuschließen und das luzide Träumen als Therapiehilfe zu betrachten ist, sich diesen vergangenen Ereignissen zu stellen.

Jeder von uns erleidet in seinem Leben irgendwelche Schicksalsschläge. Da Schicksalsschläge ganz plötzlich passieren und man sich überhaupt nicht darauf vorbereiten kann, können sie einen schon ziemlich aus der Bahn werfen. Anstatt uns mit einem Schicksalsschlag wirklich auseinanderzusetzen, fangen wir auch diesmal wieder an, es lieber zu verdrängen. Denn das ist einfach der schmerzloseste Umgang mit einem Schicksalsschlag.

Doch nur weil etwas am schmerzlosesten und am einfachsten ist, heißt das noch lange nicht, dass das auch der beste Weg ist, den man gehen sollte. Denn durch das Verdrängen, geben wir unserem Gehirn nicht die Chance, das Geschehene zu verarbeiten. Dadurch können wir damit nie so richtig abschließen. Denn wie gesagt: Wenn wir etwas verdrängen, dann verschwindet es nicht einfach. Es befindet sich weiterhin in unserem Unterbewusstsein und belastet uns in unserem Alltag. Es ist also durchaus wichtig, mit schlimmen Ereignissen abzuschließen.

Auch hierbei kannst du wieder vom luziden Träumen Gebrauch machen. Ist in deinem Umfeld schon mal jemand ganz plötzlich gestorben, ohne dass du dich von dieser Person verabschieden konntest? Hat dein Partner nach einem riesen großen Streit eure Beziehung beendet und ist mit seinen Koffern einfach abgehauen und nie wieder gekommen? Wurdest du von heute auf morgen plötzlich gefeuert, ohne so wirklich realisieren zu können, was da gerade passiert ist und vor allem, warum es gerade passiert ist?

Egal, um welches Ereignis es sich bei dir speziell handelt, im realen Leben kannst du eine Situation leider nicht einfach mal soeben wiederholen, um dir diesmal Zeit dabei zu lassen, dich zu verabschieden. Was geschehen ist, ist geschehen und kann nicht mehr rückgängig gemacht werden. Zeitreisen existieren leider auch noch nicht. Zumindest nicht in der realen Welt.

Wo sie jedoch durchaus existieren, sind luzide Träume. Das bedeutet, in einem Klartraum kannst du jede beliebige Situation so oft wie du nur willst wiederholen und sie dabei so gestalten, wie es dir passt. Wenn du also keine Möglichkeit hattest, dich von einer Person zu verabschieden, die plötzlich gestorben ist, dann triff dich in deinem Traum mit dieser Person und führe ein letztes Gespräch mit ihr. Wenn dein Partner dich von heute auf morgen für immer verlassen hat, dann bitte ihn im luziden Traum darum, dir ein allerletztes Mal zuzuhören. Rede dir alles von der Seele und sag ihm, dass du nun endlich mit ihm abschließen kannst. Wenn du deinen geliebten Job ganz plötzlich verlassen musstest, dann besuche in deinem Klartraum deine Arbeitsstelle und verabschiede dich von ihr.

Natürlich triffst du nicht wirklich deinen verstorbenen Freund, deinen Partner oder deine alte Arbeitsstelle. Darum geht es aber auch nicht. Denn genauso wie eine Pizza, die du im Traum isst, für ein Sättigungsgefühl in der Wachwelt sorgen kann, so können diese Traumsituationen, in denen du mit deiner Vergangenheit abschließt, sehr realistisch erscheinen. Und das reicht in den meisten Fällen auch schon dafür aus, um mit einer Sache wirklich abschließen zu können.

KLARTRAUM STATT ALBTRAUM

Jeder Mensch hatte schon mal einen schlimmen Albtraum und somit weiß auch jeder Mensch, wie schlimm sich so ein Albtraum anfühlen kann. Nach einem schrecklichen Erlebnis wacht man schweißgebadet auf und findet sich, aufrecht sitzend und mit aufgerissenen Augen, in seinem Bett wieder. Das Herz schlägt schnell, man zittert und bekommt seinen Atem nicht unter Kontrolle. Es dauert eine Weile, bis man wieder ein wenig runterkommt und realisiert, dass man nur geträumt hat und dass nichts, was man soeben erlebt hat, wirklich passiert ist. Doch damit ist es nicht vorbei.

Du kennst bestimmt das Gefühl, einen merkwürdigen Traum gehabt zu haben und aus diesem mit einem ebenso merkwürdigen Gefühl zu erwachen. Oft begleitet dieses Gefühl einen noch den ganzen Tag und legt sich wie ein Schleier über die darauffolgenden Ereignisse. Der komplette Tag fühlt sich dann merkwürdig an und man ist froh, wenn er endlich vorbei ist.

Auch die Stimmung, die in einem Albtraum herrscht, kann dich noch den ganzen nächsten Tag begleiten. Somit wird durch den Albtraum nicht nur eine erholsame Nacht gestört, sondern auch der komplette darauffolgende Tag.

Wenn das einmal passiert, dann ist das ja gar nicht so schlimm. Leider gibt es jedoch mehr als genug Menschen, die regelmäßig, wenn nicht sogar täglich, von Albträumen geplagt werden. Das ist kein schönes Gefühl, um es noch harmlos zu formulieren. Um sich in seinem Leben also nicht aufgrund von wiederkehrenden Albträumen einschränken zu lassen, ist es wichtig, etwas dagegen zu unternehmen. Eine effektive Lösung, um Albträume zu bekämpfen, sind luzide Träume. Das hat genau zwei Gründe:

Der erste Grund, das luzide Träumen dafür zu nutzen, seine Albträume zu bekämpfen, ist die Tatsache, dass du in einem Klartraum ja alles beliebig verändern und so gestalten kannst, wie du willst. Das bedeutet, du kannst einen Albtraum so verändern, dass er kein Albtraum mehr ist. Die beste Möglichkeit, um das zu schaffen ist, sich dem Inhalt des Albtraums zu stellen.

Gerade, wenn deine Albträume wiederkehrend sind und dich in regelmäßigen Abständen verfolgen, dann werden sie sehr wahrscheinlich auf irgendeiner Angst beruhen. Albträume kommen nämlich nicht einfach so. Sie haben alle einen Auslöser. Der erste Schritt, um gegen seine Albträume anzukämpfen, ist zu erkennen, weshalb man überhaupt welche hat. Diese Analyse ist nicht immer leicht und ohne professionelle Hilfe, von beispielsweise einem Psychotherapeuten, wird man auch nicht unbedingt eine konkrete Antwort darauf finden. Wir Menschen sind nämlich Meister im Verdrängen. Wenn uns etwas wirklich

Schlimmes zugestoßen ist, dann verdrängen wir es so sehr, bis wir gar nicht mehr darauf kommen können, dass dieses bestimmte Ereignis, der Grund für unsere Albträume sein könnte. Du solltest also auf alle Fälle nicht alleine gegen deine Albträume vorgehen, sondern dir professionelle Hilfe suchen.

Abgesehen davon kannst du natürlich trotzdem auch selber versuchen, herauszufinden, welche Gründe es für diese schlimmen, wiederkehrenden Träume geben könnte. Dafür solltest du deine Albträume einfach mal näher betrachten. Wie sehen deine Albträume aus? Was ist der Inhalt dieser Träume? Handelt es sich um Albträume, bei denen du ständig verfolgt wirst? Gibt es eine Person, vor der du Angst hast, die in jedem einzelnen deiner Albträume auftaucht? Träumst du, dass jemand eine Waffe auf dich richtet und du Angst um dein Leben hast? Oder träumst du vielleicht, dass du in einen schlimmen Brand gerätst, dem du entkommen musst?

Je nachdem, wie deine Albträume immer aufgebaut sind, kannst du schon mal erste Schlüsse daraus ziehen und bereits im Voraus einige Ideen sammeln, wie du gegen diese Albträume vorgehen könntest. Was du jedoch auf alle Fälle machen musst, ist dich nicht mehr zu verstecken oder zu fliehen, sondern dich dem, wovor du solche Angst hast, zu stellen. Überlege, wie diese Konfrontation aussehen könnte und wie du deinen Albtraum verändern könntest, damit er kein Albtraum mehr ist.

Wenn du träumst, dass du durch einen brennenden Wald rennst, könntest du dir zum Beispiel vornehmen, aufzuhören zu rennen und einfach mal zu schauen, was passiert. Es kann sehr gut möglich sein, dass das Feuer dann aufhört. Und wenn nicht, dann wirst du dich nicht an diesem Feuer verbrennen. Du wirst keine Schmerzen haben und das Feuer wird keine Gefahr mehr für dich darstellen. Daraufhin wirst du den Wald ganz in Ruhe verlassen können.

Eine weitere Methode wäre stehenzubleiben und das Feuer mithilfe deiner Vorstellungskraft zu löschen. Du könntest dir zum Beispiel einen Wasserfall oder ganz viel Regen herbeiträumen, der dafür sorgt, dass der Wald nicht mehr brennt.

Und so gehst du vor, egal wie dein Albtraum letztendlich aussieht. Wenn du ständig träumst, dass eine bestimmte Person ein Waffe auf dich richtet, dann versuche, keine Panik zu bekommen. Frag die Person stattdessen, wer sie ist und wieso sie dich erschießen möchte. Wichtig ist dabei, dass du aus Interesse und nicht aus Angst fragst. Probiere, der Person gegenüber positiv gestimmt zu sein. Das ist natürlich gar nicht so einfach, wenn man sich in einer solchen Situation befindet. Bedenke jedoch, dass diese scheinbar gefährliche Person, nur eine Erfindung deines Unterbewusstseins ist und somit einzig und alleine *du* der – oder diejenige bist, der/die darüber entscheidet, ob dein Gegenüber für dich eine Gefahr darstellt oder nicht.

Wenn du also aufhörst, Angst vor diesem Menschen zu haben und eine ganz gewöhnliche Konversation mit ihm beginnst, dann wirst du schnell merken, dass er überhaupt gar keine Gefahr für dich darstellen wird. Und wenn du im Wachzustand bis jetzt noch zu keinem Ergebnis kommen konntest, als es darum ging, herauszufinden, warum du immer den gleichen Albtraum hast, dann wirst du das jetzt höchstwahrscheinlich, durch die Fragen an dein Gegenüber, schaffen.

Wie bereits im letzten Kapitel gelernt, sprichst du sozusagen mit deinem Unterbewusstsein, wenn du in einem Klartraum Fragen stellst und findest dadurch Dinge heraus, die sehr tief in deinem Unterbewusstsein schlummern und im Wachzustand nicht so leicht an die Oberfläche gebracht werden können. Und wenn du herausfindest, welche Gründe es für deine Albträume gibt und welchen Ursprung sie haben, wird es dir leichter fallen, etwas gegen sie zu unternehmen. Und zwar nicht nur mit Hilfe des luziden Träumens, sondern vor allem mit Hilfe eines Therapeuten. Denn auch diesmal gilt wie immer wieder: Bekämpft werden muss die Ursache und nicht das Symptom. Da die Albträume nur das Symptom sind, ist es sehr wichtig, zu wissen, woher sie kommen und daran zu arbeiten.

Der zweite Grund, weshalb es sich lohnt, das luzide Träumen als Hilfe gegen Albträume anzuwenden, ist die Tatsache, dass du in einem luziden Traum ja logischerweise weißt, dass du träumst. Dadurch verliert dein Albtraum seine Bedrohlichkeit. Denn wenn du weißt, dass der Waldbrand oder der Typ, der dich mit einer Waffe bedroht, beide nicht echt sind, dann ist die Situation auch plötzlich gar nicht mehr so schlimm. Du weißt nämlich, dass es egal ist, was passiert, wer dich bedroht und wer dich verfolgt. All das betrifft nicht dein echtes Leben, sondern findet nur in deinem Kopf statt. Im Endeffekt wirst du einfach aufwachen und der Albtraum ist damit beendet. Dieses Wissen lässt einen Albtraum also automatisch gar nicht mehr so schlimm erscheinen.

Doch wie sieht das Ganze denn nun konkret in der Praxis aus? Um dich deinem Albtraum zu stellen, musst du im Voraus gut überlegen, wie so ein Albtraum bei dir immer beginnt. Wie sieht der erste Moment in deinem Albtraum aus? Such dir irgendein Zeichen aus, das dir zeigt, dass der Albtraum jetzt beginnt. Wenn ich nochmal von dem Beispiel mit dem brennenden Wald ausgehe, könnte dieses Zeichen beispielsweise sein, dass du dich plötzlich in einem Wald wiederfindest oder dass du einen Funken siehst, der den Waldbrand beginnt oder dass du ein leises Knistern hörst, welches dir zeigt, dass es anfängt zu brennen.

Wenn du dein individuelles Zeichen gefunden hast, dann nimm dir vor, dieses Zeichen auch gleichzeitig das Zeichen für dich ist, luzid zu werden. Mit Hilfe der MILD-Technik setzt du dir im nächsten Schritt zum Ziel, das nächste Mal, wenn du dieses Zeichen in einem Traum wahrnimmst, zu erkennen, dass du träumst. Und wenn es dann so weit ist, dass du tatsächlich luzid bist, stellst du dich deinem Albtraum und stellst fest, dass das, wovor du bisher Angst hattest, ziemlich harmlos ist.

Je öfter du so vorgehst und je öfter du übst, deinen Albtraum sozusagen zu entschärfen, desto selbstverständlicher wird es für dein Unterbewusstsein sein, dass du keine Angst mehr davor haben musst, wenn mal wieder der Wald anfängt zu brennen oder dich jemand verfolgt. Irgendwann werden die Albträume sogar dann komplett verschwinden.

Aber wie gesagt: Denk daran, dich auch um die Ursache zu kümmern. Wenn du nur einen bestimmten Albtraum bekämpfst, ohne zu wissen, woher dieser überhaupt kommt, dann wirst du den Albtraum auch bekämpfen können. Es ist jedoch sehr wahrscheinlich, dass die Ursache für deine Albträume dann einfach an einer anderen Stelle zum Vorschein kommen wird. Entweder durch neue Albträume oder durch bestimmte Verhaltensweisen oder Ängste im echten Leben. Vergiss das nicht, denn nur dann hat es auch wirklich einen Sinn, etwas gegen deine Albträume zu unternehmen.

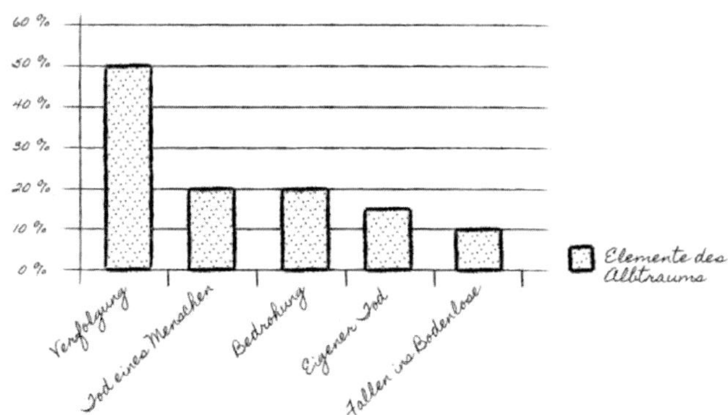
60 %
50 %
40 %
30 %
20 %
10 %
0 %
Verfolgung
Tod eines Menschen
Bedrohung
Eigener Tod
Fallen ins Bodenlose
Elemente des Albtraums

Schritt für Schritt zum luziden Traum

Nun bist du endlich soweit, dass du alles weißt, was du wissen musst, um ein erfolgreicher luzider Träumer zu werden. Du kennst alle essentiellen Grundlagen und sogar Techniken, die du als fortgeschrittener Klarträumer anwenden kannst. Außerdem weißt du, in welchen Bereichen dir das luzide Träumen dein Leben um einiges vereinfachen kann. Du bist also nun bereit, dein Wissen in die Praxis umzusetzen und selber ein richtiger Klarträumer zu werden. Um dir diesen Weg ein wenig zu erleichtern, habe ich für dich einen 10-Schritte-Plan erstellt.

Wenn du dich an diesen Plan hältst und jeden einzelnen Schritt sorgfältig durchführst, dann steht deinem Erfolg nichts mehr im Weg. Wichtig für dich ist nur zu wissen, dass du jeden einzelnen Schritt in deinem persönlichen Tempo machen solltest. Hetze dich nicht und lass dir bei jedem Schritt so viel Zeit, wie du brauchst. Mache nicht den nächsten Schritt, wenn du deine momentane Aufgabe noch gar nicht beherrschst. Damit will ich auf keinen Fall sagen, dass du erst mal ein Profi im Herbeiführen eines Klartraums sein musst, um dich an weitere

Techniken zu trauen. Du solltest jedoch das, was du tust, wenigstens einigermaßen durchführen können. Denn wenn das nicht der Fall ist, dann hat der nächste Schritt auch keinen Sinn.

Aus diesem Grund habe ich mich an keine festen zeitlichen Vorgaben gehalten. Manche Menschen haben schon nach einigen Versuchen ihren ersten, luziden Traum. Andere brauchen hingegen mehrere Monate, bis sie an diesen Punkt kommen. Deswegen ist es sinnlos, einen bestimmten Zeitraum festzulegen, indem du ein Ziel erreichen solltest.

Stattdessen erkläre ich dir in jedem Kapitel, woran du dich orientieren kannst, um zu wissen, dass du bereit für den nächsten Schritt bist. Zum Beispiel reicht es nicht aus, sich nur alle paar Tage an einen Traum zu erinnern, um den nächsten Schritt zu gehen. Es ist aber auch nicht notwendig, sich erst mal an fünf Träume pro Nacht erinnern zu müssen, um weitermachen zu können. Ein gutes Mittelmaß ist das A und O. Ich helfe dir dabei, dieses zu finden.

Natürlich bist du außerdem nicht dazu verpflichtet, bis zu Schritt 10 durchzuhalten. Vielleicht reicht es dir ja auch vollkommen aus, das luzide Träumen einfach mal auszuprobieren, um diese Erfahrung gemacht zu haben. Vielleicht hast du keine Lust, das Klarträumen dazu zu nutzen, deine Probleme zu lösen, sondern möchtest dich einfach ein wenig austoben, ein bisschen durch die Gegend fliegen und einfach nur Spaß haben. Dann darfst du das natürlich auch machen und musst nicht irgendwelche Techniken für fortgeschrittene luzide Träumer lernen, die du für deine Zwecke sowieso nicht gebrauchen kannst. Wie weit du gehen willst und wofür du das luzide Träumen letztendlich nutzt, bleibt selbstverständlich dir überlassen.

Ich wünsche dir ganz viel Spaß beim Umsetzen des 10-Schritte-Plans und viel Erfolg in der luziden Welt!

SCHRITT 1: SETZE DIR ZIELE

Der erste Schritt für so gut wie alles, was du im Leben erreichen möchtest ist, sich konkrete Ziele zu setzen. Denn wer sich keine festen Ziele vor Augen führt, der hat keine Ziele, sondern lediglich Wünsche und Träume. Es ist nämlich die eine Sache, immer wieder davon zu träumen, irgendwann mal einen Marathon zu laufen und zu gewinnen, aber eine ganz andere, diesen Wunsch auch als wirkliches Ziel zu betrachten und Schritt für Schritt darauf hinzuarbeiten.

Wenn wir keine Ziele haben, dann erscheinen uns unsere Wünsche sehr weit weg, sogar fast schon unerreichbar. Wir wissen nicht, wie wir mit unserem momentanen Zustand und mit der jetzigen Ausgangssituation, jemals so etwas Großes erreichen sollen.

Dabei müssen uns diese Wünsche nicht so unrealistisch erscheinen, wie sie es oftmals tun. Das Geheimnis dabei liegt in unseren Zielen. Denn wenn wir feste Ziele haben, dann haben wir somit auch einen Antriebsgrund. Bei Wünschen hingegen ist es eher so, dass wir denken, sie werden irgendwann schon noch in Erfüllung gehen und wenn nicht, dann haben wir halt Pech gehabt. So einfach ist das aber nicht. Du wirst nicht irgendwann einfach so plötzlich bei einem Marathon dabei sein und dann auch noch als Sieger davonkommen. So etwas erfordert mehr, als nur einen bloßen Wunsch, nämlich harte Arbeit.

Diese harte Arbeit können wir am besten dann leisten, wenn wir Ziele haben. Dabei wird zwischen den großen, langfristigen Zielen unterschieden und den kleinen, kurzfristigen. Im Falle des genannten Beispiels, wäre das große, langfristige Ziel, das Gewinnen eines Marathons. Ein kleines kurzfristiges Ziel, könnte zum Beispiel das tägliche Joggen sein.

Außerdem ist es wichtig, klein anzufangen und seine Ziele nach und nach immer weiter zu steigern. Wer mit viel zu großen Zielen beginnt, der hat letztendlich das gleiche Problem wie mit den Wünschen: sie werden einem viel zu weit entfernt und somit unrealistisch auch gleichzeitig unrealistisch erscheinen. Das hat zur Folge, dass man im Endeffekt gar nichts mehr dafür macht, an diese Ziele zu kommen.

Wenn das kurzfristige Ziel also lautet: „täglich joggen gehen", dann solltest du auf keinen Fall damit beginnen, das jeden Tag zwei Stunden lang durchzuziehen. Stattdessen solltest du erst mal damit anfangen, jeden Tag 15 Minuten zu joggen und wenn du dann merkst, dass das super klappt, kannst du diese 15 Minuten nach und nach, langsam aber sicher verlängern.

Diese Regeln der Zielsetzung, lassen sich natürlich auch auf das luzide Träumen übertragen. Ohne Zielsetzung sinkt die Wahrscheinlichkeit sehr stark ab, dass du irgendwann ein erfolgreicher Klarträumer werden wirst. Du solltest diesen Schritt also auf alle Fälle ernst nehmen und auf keinen Fall überspringen. Überleg dir gut, was genau du mit Hilfe des luziden Träumens erreichen möchtest. Ist es dein Ziel, deine Albträume zu bekämpfen, mit vergangenen Ereignissen abzuschließen oder einfach nur ein wenig Spaß zu haben?

Halte dieses langfristige Ziel schriftlich fest. Wenn du noch nicht genau weißt, wie dieses Ziel lauten soll, dann solltest du erst mal nur ein Ziel festlegen, bei dem du ganz genau weißt, dass du es erreichen willst. In diesem Fall könnte dieses Ziel zum Beispiel sein, mindestens zwei Mal im Monat einen luziden Traum zu erleben. Sobald du dieses Ziel erreicht hast, kannst du dann ja schauen, ob dir das ausreicht oder ob du dir ein neues Ziel stecken möchtest. Aber für den Anfang reicht das erst mal vollkommen aus.

Deine kurzfristigen Ziele könnten sein, dir täglich deine Träume aufzuschreiben und dich nach einer bestimmten Zeit an mindestens einen Traum pro Nacht zu erinnern.

Die zeitliche Frist ist bei der Zielsetzung ebenfalls sehr wichtig. Denn wenn du keine Deadline hast, bis zu der du ein bestimmtes Ziel erreicht haben willst, wirst du dir einfach Zeit lassen und sehr lange dafür brauchen, dein Ziel zu erreichen. Im schlimmsten Fall hast du irgendwann einfach keine Lust mehr darauf, überhaupt noch etwas dafür zu tun, weil dir das Ganze viel zu lange dauern wird. So erreichst du dein gesetztes Ziel dann gar nicht.

Lege also unbedingt einen Zeitpunkt fest, bis zu dem du deine Ziele erreicht haben willst. Das gilt für deine großen, langfristigen Ziele genauso wie für deine kleinen, kurzfristigen. Zu Beginn wird es nicht einfach sein, einschätzen zu können, wie lang du für ein bestimmtes Ziel brauchen wirst. Wenn du merkst, dass du entweder zu wenig oder zu viel Zeit benötigst, um deine Ziele zu erreichen, dann lege neue Deadlines fest, die deinem Tempo entsprechen. Sei dabei aber wirklich ehrlich zu dir selbst. Lerne zu unterscheiden, ob du wirklich zu wenig Zeit hattest, um ein Ziel zu erreichen oder ob du einfach sehr oft getrödelt und nicht wirklich daran gearbeitet hast.

Das gilt natürlich nicht nur für die Dauer, die du dir für ein bestimmtes Ziel festlegst, sondern auch für die Ziele an sich. Vielleicht wird es anfangs einfach noch nicht möglich sein, dich jeden Tag an mindestens zwei Träume zu erinnern. Vor allem, wenn du dich bisher meistens an so gut wie gar keine Träume erinnern konntest. Das ist überhaupt nicht schlimm. Setz dir in so einem Fall dein Ziel einfach erst mal kleiner und sei nicht sauer auf dich selbst. Es klappt nun mal nicht immer alles auf Anhieb so, wie wir es gerne hätten, aber das muss es auch nicht. Setz dich also nicht unter Druck. Denn wenn du das machst, dann wirst du dein Ziel erst recht nicht erreichen

Ein weiterer wichtiger Punkt, bei dem Festlegen deiner Ziele, ist die richtige Formulierung. Ob du es glaubst oder nicht: Es macht einen großen Unterschied, wie du deine Ziele formulierst. Wenn du beispielsweise schreibst: „Bis zum 1.10. würde ich gerne meinen ersten luziden Traum haben“, wirkt das nicht so aussagekräftig, wie wenn du schreibst: „Bis zum 1.10. werde ich meinen ersten luziden Traum haben“.

Wenn du „werde“ statt „würde gerne“ verwendest, verfestigst du in deinem Unterbewusstsein den Gedanken, dass das tatsächlich passieren wird und nicht einfach nur ein schwacher Wunsch von dir ist. Dadurch steigt die Wahrscheinlichkeit, dass du dieses Ziel bis zum genannten Zeitpunkt auch wirklich erreichst. Du würdest nämlich nicht nur gerne, sondern du wirst!

Je öfter du dir deine Ziele aufschreibst, desto besser manifestierst du sie und pflanzt sie dadurch in dein Unterbewusstsein ein. Such dir also alle paar Tage ein paar freie Minuten, setz dich in Ruhe hin und schreibe deine Ziele erneut auf.

Um deine Ziele noch besser in dein Unterbewusstsein zu pflanzen, könntest du ein Vision Board dazu erstellen. Drucke dir dafür verschiedene Sprüche und Bilder aus, die deine Ziele darstellen und erstelle daraus zum Beispiel eine Pinnwand. Hänge diese Pinnwand an einen Ort, an dem du dich oft aufhältst. Beispielsweise in dein Wohnzimmer. So verlierst du deine Ziele niemals aus den Augen.

Sobald du all deine langfristigen und kurzfristigen Ziele festgelegt, aufgeschrieben und verinnerlicht hast, bist du bereit für den zweiten Schritt: das Führen eines Traumtagebuchs.

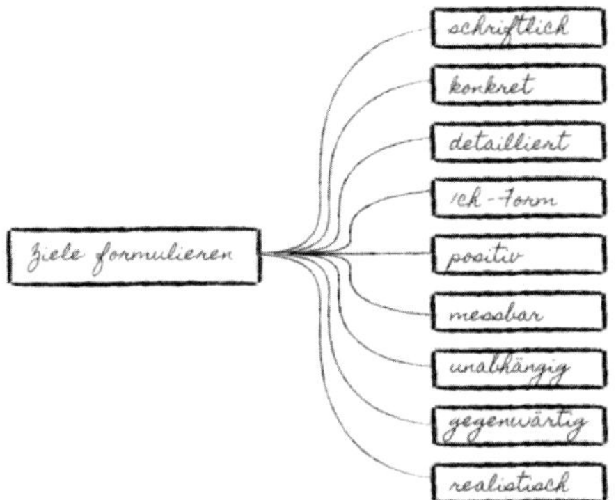

SCHRITT 2: BEGINNE MIT DEM FÜHREN EINES TRAUMTAGEBUCHS

Wie du ja bereits gelernt hast, ist das luzide Träumen wertlos, wenn du dich nicht an deine Träume erinnern kannst. Denn wenn du dich nicht an deine gewöhnlichen Träume erinnern kannst, dann wird das bei luziden Träumen auch nicht anders sein. Bevor du also mit dem eigentlichen Klarträumen beginnen kannst, musst du erst mal dein Traumgedächtnis stärken. Und das schaffst du ja am besten, wenn du deine Träume aufschreibst.

Doch nicht nur *ob* du deine Träume festhältst, macht einen Unterschied, sondern auch *wie* du deine Träume festhältst. Du kannst das Geträumte natürlich jedes Mal auf irgendein bedeutungsloses Stück Papier kritzeln, das du nach kurzer Zeit schon wieder verlierst. Wenn du das jedoch so machst, zeigst du dir selber damit, dass dir das Aufschreiben deiner Träume gar nicht so wichtig ist. Durch dieses Handeln bringst du deinem Gehirn bei, dass es also auch nicht so wichtig ist, sich überhaupt an irgendwelche Träume zu erinnern. Und wenn das Erinnern an deine Träume und das Aufschreiben deiner Träume, keine Priorität für dich darstellt, dann wird es ziemlich lange dauern, bis du dich jede Nacht an ausreichend

Träume erinnern wirst und somit auch den nächsten Schritt gehen kannst.

Es spielt also eine wichtige Rolle, in welcher Form du deine Träume auf Papier bringst. Am besten eignet sich dafür ein kleines, kompaktes Notizbuch, das nicht nur praktisch ist, sondern dich auch optisch sehr anspricht. Es macht nämlich mehr Spaß, in ein schönes Notizbuch zu schreiben, anstatt in einen alten Collegeblock.

Bevor du also mit dem Aufschreiben deiner Träume beginnst, solltest du dich um den Kauf eines Notizbuchs, also deines zukünftigen Traumtagebuchs, kümmern. Wenn du kein schönes Buch findest, das dich anspricht, kannst du auch einfach ein schlichtes weißes oder schwarzes Notizbuch besorgen und dieses dann je nach Geschmack verzieren.

Wenn du diesen Schritt geschafft hast, dann steht dem Aufschreiben deiner Träume, nichts mehr im Weg. Versuche, dein Traumtagebuch nicht nur von außen ansprechend zu gestalten, sondern auch von innen. Es ist natürlich nicht leicht, direkt nach dem Aufwachen schön zu schreiben, aber es hilft dir dabei, den Spaß an der Sache beizubehalten. Ja, du hast richtig gelesen. Deine Träume solltest du direkt nach dem Aufwachen aufschreiben. Doch dazu komme ich gleich noch.

Wenn du dich an einen Traum erinnern kannst, den du festhalten möchtest, dann schlage dein Traumtagebuch auf und schreibe als erstes das Datum nieder, um dein

Tagebuch auch wirklich wie ein Tagebuch zu strukturieren und nicht den Überblick zu verlieren. Wenn du das gemacht hast, dann geht es nur noch darum, deine Gedanken auf Papier zu bringen. Schreibe alles auf, was dir zu deinem Traum in den Sinn kommt. Deine Gedanken müssen dabei keine Struktur und somit auch keinen roten Faden haben. Gerade am Anfang wird das sehr wahrscheinlich auch so sein.

Wenn du dich normalerweise nicht an deine Träume erinnern kannst, dann wird der erste Traum, bei dem du das schaffst, höchstwahrscheinlich weder einen Zusammenhang haben, noch sehr klar sein. Du wirst dich nur an Ausschnitte, Stimmungen oder Gefühle erinnern können. Doch das ist nicht schlimm. Ganz im Gegenteil: das ist sogar sehr gut, weil es ein Zeichen dafür ist, dass du dich bald schon an ganze Träume erinnern wirst und diese Traumfetzen der erste Schritt dafür sind. Also denke nicht, dass es keinen Sinn hat, solche unlogischen, zusammenhangslosen Traumfetzen niederzuschreiben. Denn je öfter du so etwas aufschreibst, desto besser wird dein Traumgedächtnis und desto klarer und sinnvoller werden deine Träume sein.

Und nun nochmal zum Thema „Alle Träume sofort aufschreiben“. Dieser Punkt ist wirklich enorm wichtig. Denn je länger du mit dem Aufschreiben deiner Träume wartest, desto unklarer werden deine Erinnerungen. Bereits eine Stunde nach dem Aufwachen, wirst du längst nicht mehr so viel von deinem Traum wissen, wie direkt nach dem Aufwachen. Sogar nur einige Minuten nach dem Aufwachen, erinnerst du dich nicht mehr an das, woran du dich unmittelbar nach dem Aufwachen erinnert hättest.

Zögere also nicht und schreibe alles, woran du dich erinnern kannst, augenblicklich auf, nachdem du wach wirst. Und wie gesagt: es ist egal, ob das, was du aufschreibst, irgendeinen Zusammenhang hat und für Außenstehende Sinn ergibt. Dein Traumtagebuch dient niemandem, außer dir. Niemand wird das, was du aufschreibst, jemals lesen und verstehen müssen. Deswegen ist auch die Ausformulierung deiner Sätze nicht so wichtig, so lange du verstehst, was du da aufgeschrieben hast und solange du so viel wie möglich, von dem Geträumten festhalten konntest. Wenn es Traumausschnitte gibt, die du nicht wirklich in Worte fassen kannst, dann kannst du auch verschiedene Zeichnungen verwenden, um das Geträumte auf Papier zu bringen.

Das Aufschreiben deiner Träume, sofort sobald du wach wirst, gilt natürlich auch mitten in der Nacht. Wenn du also nachts aus einem Traum erwachst, dann solltest du sofort dein Traumtagebuch in die Hand nehmen und alles, woran du dich noch erinnern kannst, aufschreiben. Deswegen ist es auch sinnvoll, dein Traumtagebuch direkt neben deinem Bett zu platzieren. So musst du dich nicht erst dazu überwinden, aufzustehen und es zu holen und es fällt dir somit leichter, deine Träume auch nachts aufzuschreiben.

Wenn du große Schwierigkeiten dabei haben solltest, dich dazu zu überwinden, direkt nach dem Aufwachen deine Träume aufzuschreiben oder wenn du Schwierigkeiten beim Einschlafen hast und dich das Aufschreiben deiner Träume mitten in der Nacht, so sehr wecken würde, dass du danach wieder ziemlich lange brauchen würdest, um erneut einzuschlafen, dann gibt es noch eine kleine Notlösung. Du musst deine Träume nicht zwangsweise aufschreiben. Du kannst sie im Notfall auch, mit der Audiofunktion deines Handys aufnehmen. Dadurch musst du nicht das Licht anschalten, das uns ja automatisch etwas wacher macht und musst nicht wirklich aktiv werden und deine Träume aufschreiben.

Du musst lediglich mit geschlossenen Augen erzählen, was du gerade geträumt hast. Erzählen funktioniert schneller als schreiben und nimmt nicht so viel Konzentration in Anspruch. Dadurch kannst du deine Träume viel schneller und unkomplizierter festhalten und deine Aufgabe somit auch schneller beenden.

Diese Art und Weise des Festhaltens seiner Träume, hat jedoch einen Haken: Wenn man etwas aufschreibt, merkt man sich das besser, als wenn man etwas einfach nur erzählt. Dein Traumgedächtnis kann also am besten durch das Aufschreiben gestärkt werden. Deswegen solltest du dir die aufgenommene Audiodatei im Verlauf des

Tages nochmal anhören und deinen Traum in dein Traumtagebuch schreiben. Das ist dann also quasi doppelte Arbeit. Für jeden, der im Halbschlaf jedoch keine Lust hat, etwas aufzuschreiben, stellt das die ideale Lösung dar.

Wenn du dein Traumtagebuch irgendwann schon so lange geführt hast, dass du dich nach jeder Nacht an mindestens 1-2 Träume erinnern kannst, dann bist du bereit für Schritt 3.

SCHRITT 3: LERNE DEINE PERSÖNLICHEN TRAUMZEICHEN KENNEN

Erinnerst du dich noch daran, was es mit den Traumzeichen auf sich hat? Falls nicht, hier nochmal eine kleine Erinnerung daran: Traumzeichen helfen dir dabei, zu erkennen, dass du träumst. Sie bestehen aus verschiedenen Merkwürdigkeiten, die in der Wachwelt unrealistisch wären. Sobald du also in einem Traum etwas siehst oder irgendwie anders wahrnimmst, das eigentlich gar nicht sein kann, dann hast du den ultimativen Beweis dafür, dass du gerade träumst.

Traumzeichen sind also eine große Hilfe, wenn es darum geht, luzid zu werden. Doch leider bringt auch die Hilfe der Traumzeichen dir nicht viel, einen luziden Traum zu erreichen, wenn du dich nicht darin übst, diese Traumzeichen gezielt anzuwenden. Denn wenn du das nicht tust, verlieren alle Traumzeichen, seien sie auch noch so gut, ihre Bedeutung. Das liegt daran, dass unser Gehirn im Traum normalerweise nicht herausfiltern kann, was normal ist und was nicht. In einem Traum machen wir uns meistens keine Gedanken darüber, wieso der Wal plötzlich fliegt, das Auto schwimmt und wir uns mit unserer Lieblingsband auf einen Kaffee treffen. Nichts davon erscheint uns im Traum auch nur ansatzweise merkwürdig. Wir hinterfragen nichts und nehmen alles, was passiert, einfach so hin. Und genau das ist der größte Fehler.

Wenn wir in einem Traum nichts, was passiert, hinterfragen, werden wir es nicht schaffen, darauf aufmerksam zu werden, dass etwas nicht stimmt und daraus schließen zu können, dass wir uns in einem Traum befinden. Da ich aber davon ausgehe, dass es genau dein Ziel ist, im Traum ein klares Bewusstsein zu erlangen, ist das nicht sehr hilfreich.

Doch wie trainiert man denn nun die Fähigkeit, bestimmte Traumzeichen zu erkennen? Den ersten Schritt dafür, hast du bereits gemacht. Ich spreche von dem Führen eines Traumtagebuchs. Sobald du dich an das einfache Aufschreiben deiner Träume gewöhnt hast und dich jede Nacht an 1-2 Träume erinnern kannst, kannst du damit beginnen, deine Träume nicht einfach nur aufzuschreiben, sondern sie außerdem zu analysieren. Und zwar nicht nur die, die du von nun an auf Papier festhältst, sondern auch die, die du bereits niedergeschrieben hast.

Suche nach etwas, das sich in regelmäßigen Abständen, in deinen Träumen wiederholt. Taucht immer wieder eine bestimmte Person auf? Befindest du dich oft an diesem einen Ort? Siehst du in vielen deiner Träume immer mal wieder ein bestimmtes Zeichen oder Tier? Hörst du immer wieder das gleiche Geräusch? Isst du so gut wie jedes Mal Kartoffeln mit Marmelade in deinen Träumen?

Hast du immer die gleichen Klamotten an, wenn du träumst?

Achte ganz genau auf Wiederholungen in deinen Träumen und finde so deine persönlichen Traumzeichen heraus. Je merkwürdiger und ungewöhnlicher deine Traumzeichen sind, desto besser. Ein schlechtes Traumzeichen wäre zum Beispiel der Fakt, dass sich viele deiner Träume in deiner Wohnung abspielen. Das ist nichts Ungewöhnliches und deutet nicht darauf hin, dass du träumst. Dein echtes Leben wird sich ja schließlich auch zu einem großen Teil in deiner Wohnung abspielen. Suche also nach Traumzeichen, die wirklich absurd sind und in deinem wirklichen Leben niemals stattfinden würden.

Wenn es dir schwer fällt, anhand deiner Tagebucheinträge bestimmte Traumzeichen herauszufiltern, kannst du die Sache auch ein wenig anders angehen. Es kann nämlich sein, dass du dich so sehr an dein Traumzeichen gewöhnt hast, dass du es gar nicht mehr bewusst wahrnimmst und somit auch nicht erwähnst, wenn du einen Traum aufschreibst.

Sollte es dir auch so gehen, dann nimm dir einen Augenblick Zeit, setz dich hin und überlege, ob es ein bestimmtes Traumzeichen gibt, dass die meisten deiner Träume durchzieht. Konzentriere dich dabei nacheinander auf deine fünf Sinne. Frag dich zuerst, ob es eine bestimmte Sache gibt, die du immer und immer wieder in deinen

Träumen siehst. Wenn dir nichts einfällt, dann ist das nicht schlimm. Falls doch, dann schreib es dir sofort auf.

Und so machst du weiter, bis du mit dem Hören, Riechen, Schmecken und Fühlen durch bist. Im Normalfall müsste dir irgendetwas einfallen, denn jeder Mensch hat Traumzeichen. Ansonsten müsste alles, was wir träumen, keinerlei Merkwürdigkeiten aufweisen und das ist so gut wie unmöglich.

Sobald du deine persönlichen Traumzeichen gefunden hast, kannst du damit beginnen, dir zum Beispiel mit Hilfe der MILD-Methode vorzunehmen, zu erkennen, dass du träumst, sobald du deine Traumzeichen wahrnimmst. Doch bis du die verschiedenen Klartraumtechniken anwenden kannst, musst du noch einige weitere Schritte gehen. Erst mal geht es wirklich nur darum, deine individuellen Traumzeichen herauszufinden.

SCHRITT 4: ÜBERPRÜFE DIE REALITÄT

Wenn wir träumen, wird unser Gehirn immer wieder versuchen, alle Merkwürdigkeiten zu verdrängen und als normal abzustempeln. Deswegen sind die Traumzeichen ja so wichtig. Doch selbst das reicht noch nicht aus, um unser Gehirn davon zu überzeugen, dass wir nicht wach sind, sondern träumen. Es kann also sein, dass du dank deiner Traumzeichen zwar feststellen wirst, dass du träumst, direkt danach aber wieder Zweifel haben wirst.

Da ja alles, was in einem luziden Traum passiert, durch dein Unterbewusstsein gesteuert wird, werden zusammen mit deinen Zweifeln, auch Traumcharaktere auftauchen, die versuchen werden, dir einzureden, dass du wach bist und dich nicht in einem Traum befindest. Vielleicht werden sie dich sogar auslachen und dich für bescheuert halten. Und dadurch wirst du noch mehr entmutigt werden.

Dein Gehirn wird nämlich mit aller Kraft versuchen, an dem Gedanken festzuhalten, dass du wach bist und dass es für alle Merkwürdigkeiten, die du erlebst, eine plausible Erklärung gibt. Die Traumzeichen reichen also zwar aus, um zu erkennen, dass du träumst, sie reichen aber leider nicht aus, um diese Erkenntnis auch beizubehalten und nicht an ihr zu zweifeln. Dafür bedarf es nun mal etwas mehr Beweise. Und diese Beweise, kannst du deinem Gehirn und somit auch dir selber, anhand von Reality-Checks liefern. Um auch diesmal deine eventuell verloren gegangene Erinnerung kurz nochmal aufzufrischen: Reality-Checks, oder auf Deutsch Realitätsüberprüfungen, sind bestimmte Gesten, die dazu dienen, festzustellen, ob man gerade wach ist oder träumt.

Wenn du also eine Armbanduhr trägst, die dir die ganze Zeit nur unlogische Zeichen anzeigt, dann kannst du dir sicher sein, dass du träumst. Such dir also Reality-Checks aus, die dir am besten gefallen. Neben dem Trick mit der Armbanguhr, gibt es natürlich noch viele weitere Realitätsüberprüfungen.

Du kannst zum Beispiel versuchen, dir deine Nase und deinen Mund zuzuhalten und trotzdem zu atmen. Oder du probierst, dir einen Finger durch deine Backe zu bohren. Oder aber du versuchst, etwas zu lesen. In den meisten Fällen wird das entweder gar nicht funktionieren oder das Gelesene wird keinen Sinn ergeben. Und falls doch, kannst du in diesem Fall ganz kurz weg – und wieder hinschauen. Die Worte werden auf dem Blatt wandern oder du wirst auf der gleichen Seite eines Buchs, einen komplett anderen Text vorfinden.

Eine weitere Möglichkeit, deine Realität zu überprüfen, ist zum Beispiel ein Sprung in die Luft. Wenn du sich in einem Traum befindest, dann wirst du höher springen, als in der Wachwelt. Was du ebenfalls machen kannst ist, zu versuchen, dich daran zu erinnern, was du vor 10 Minuten gemacht hast. Wenn du das nicht schaffst, träumst du sehr wahrscheinlich, da ein Traum immer mittendrin beginnt und man somit mit der Zeit nicht ewig zurückgehen kann.

Wie du siehst, gibt es eine Menge Reality-Checks. Probiere am besten alle einmal aus, um herauszufinden, welche dir am besten gefallen und vor allem, welche bei dir am besten funktionieren.

Damit die Methode mit den Realitätsüberprüfungen auch wirklich klappt, solltest du dir angewöhnen, deinen auserwählten Reality-Check, täglich etwa 3-5 Mal durchzuführen. Ja, du hast richtig gelesen. Reality-Checks macht man nicht nur, wenn man sich in einem Traum befindet und den Verdacht hat, dass man träumt, sondern auch immer wieder über den Tag hinweg. Denn nur so gewöhnt man sich das regelmäßige Überprüfen seines Bewusstseinszustands an. Denn unsere Gewohnheiten aus der Wachwelt, lassen sich ganz einfach in unsere Traumwelt übertragen. Wenn du tagsüber keine Reality-Checks machst, dann ist es sehr wahrscheinlich, dass du auch in deinen Träumen nicht daran denken wirst.

Du wirst dich anfangs sehr wahrscheinlich komisch dabei fühlen, dich tagsüber zu fragen, ob du träumst oder nicht. Deine Antwort wird ganz automatisch sein: „Natürlich träume ich nicht!“ Doch das ist ein riesengroßer Fehler. Denn wie gesagt: Deine Gewohnheiten im echten Leben, werden zu deinen Gewohnheiten in deinen Träumen. Wenn deine Antwort in der realen Welt also immer lautet: „Natürlich träume ich nicht“, dann wird deine Antwort in einem Traum automatisch auch so lauten.

Versuch also wirklich zu hinterfragen, ob du gerade wach bist oder träumst. Schau dich um und suche nach Dingen, die merkwürdig sind. Sieh kleine Veränderungen in deiner Umgebung als Hinweise dafür, dass du vielleicht träumen könntest. Wenn es die letzten Tage zum Beispiel schön warm war und nun plötzlich gewittert, dann frag dich ernsthaft, ob du gerade träumst. Mach daraufhin einen Reality-Check. Auch hierbei ist es wichtig, wirklich daran zu glauben, dass der Reality-Check funktioniert. Wenn du sowieso denkst, dass du deinen Finger nicht durch deine Back bohren kannst, dann wirst du das auch im Traum nicht können. Vergiss nicht, dass du deine Träume durch dein Unterbewusstsein erschaffst und steuerst.

Wenn du jedoch fest daran glaubst, dass der Finger auf alle Fälle durchgehen wird, dann wird das zwar in der Wachwelt natürlich nicht passieren, im Traum aber schon.

Um das Wichtigste über die Reality-Checks nochmal kurz für dich zusammenzufassen: Wähle einen Reality-Check aus, der dir am besten gefällt. Es ist sogar besser, wenn du dir mehrere aussuchst. So hast du im Falle, dass einer der Reality-Checks nicht funktioniert, noch ein paar andere parat.

Mache täglich Realitätsüberprüfungen, indem du dich in merkwürdigen oder ungewöhnlichen Situationen fragst, ob du träumst und deine Umgebung kritisch musterst. Mache daraufhin deine Reality-Checks und glaube fest daran, dass sie funktionieren werden.

Das Ganze sollte täglich erst mal etwa 3 Mal passieren. Wenn du dich an die Realitätsüberprüfungen gewöhnt hast, kannst du deine Ziele auch höher setzen.

Je öfter du tagsüber Reality-Checks machst und je fester du daran glaubst, dass sie auch funktionieren werden, desto höher steigt die Wahrscheinlichkeit, dass du deinen Bewusstseinszustand auch im Traum überprüfen wirst und dir dadurch selber beweisen, dass du träumst.

SCHRITT 5: BEREITE DEINEN KÖRPER UND GEIST AUF DEN LUZIDEN TRAUM VOR

Bevor du damit beginnen kannst, mit Hilfe einer der Techniken, einen luziden Traum herbeizuführen, musst du erst mal deinen Körper, genauso wie deinen Geist, auf dieses Vorhaben vorbereiten. Denn wenn du das tust, steigt die Wahrscheinlichkeit, dass du erfolgreich sein wirst. Es macht nämlich einen Unterschied, ob du einfach mal auf gut Glück eine der Techniken ausprobierst oder ob du dich wirklich darauf einstellst und Vorbereitungen triffst. Das tut es immer.

Deinen Körper und deinen Geist kannst du auf das luzide Träumen vorbereiten, indem du beide entspannst. Je entspannter dein Körper ist, desto leichter wird es dir fallen, einzuschlafen und desto schneller wird der ganze Einschlafprozess auch vonstattengehen. Das ist deshalb so vorteilhaft, weil du dich dann voll und ganz auf dein Vorhaben konzentrieren kannst, luzid zu werden. Unsere Konzentration kann nicht ewig halten. Wenn du also sehr lange zum Einschlafen brauchst, werden deine Gedanken irgendwann abschweifen und du wirst dich nicht mehr auf deinen Wunsch fokussieren können, einen Klartraum zu erreichen. Du wirst sehr ungeduldig werden und dadurch dein Vorhaben aufgeben. Das wäre sehr schade und nur verschwendete Zeit. Deswegen muss dein Körper entspannt sein, wenn du in der kommenden Nacht einen luziden Traum herbeiführen willst.

Es gibt verschiedene Möglichkeiten, seinen Körper zu entspannen. Für welche dieser Möglichkeiten du dich letztendlich entscheidest, hängt davon ab, welcher Typ Mensch du bist. Wenn du eine sehr aktive, sportliche Person bist, dann wird dich sehr wahrscheinlich auch genau das entspannen: Sport. Power dich also an dem Tag, vor der Nacht, in der du luzid werden möchtest, so richtig aus. So verhinderst du zappeliges Herumdrehen im Bett und kommst schneller zur Ruhe.

Wenn du jedoch ein eher ruhiger Mensch bist, der durch zu viel Sport eher aufgewühlt wird, anstatt entspannter zu werden, dann kannst du natürlich auch einfache Entspannungsübungen machen. Eine Möglichkeit wäre zum Beispiel, sich in Ruhe hinzulegen, die Augen zu schließen und langsam tief ein – und auszuatmen. Mit jedem Ausatmen entspannst du dabei jeden einzelnen Muskel immer mehr.

Wenn du möchtest, kannst du dich auch nach und nach auf einzelne Partien deines Körpers konzentrieren, anstatt direkt auf deinen gesamten Körper. Du kannst zum Beispiel bei deinen Beinen beginnen und dich immer weiter hoch, bis zu deinem Kopf vorantasten, sobald du merkst, dass eine bestimmte Körperpartie nun komplett entspannt ist.

Zum Entspannen deines Geistes gibt es ebenfalls mehrere Möglichkeiten. Eine sehr effektive Methode ist die Meditation. Setz dich dafür im Schneidersitz auf einen bequemen Untergrund und beginne damit, langsam tief ein – und auszuatmen. Nach ein paar tiefen Atemzügen, schließt du deine Augen. Konzentriere dich weiterhin auf deinen Atem und versuche dabei, dich nicht von irgendwelchen Gedanken ablenken zu lassen. Und falls doch mal ein Gedanke kommt, dann ärgere dich nicht darüber. Bleibe weiterhin ganz entspannt, verabschiede diesen Gedanken und richte deine Konzentration erneut auf deinen Atem.

Wenn du nach einiger Zeit merkst, dass du dich ausreichend erholt hast und nun sehr entspannt bist, kannst du deine Augen langsam wieder öffnen, dich strecken und die Meditation somit beenden.

Um das beste Ergebnis zu erzielen, solltest du täglich meditieren. Das bedeutet, dass Meditation auf einen langfristigen Erfolg ausgelegt ist. Doch auch kurzfristig kann sie dir sehr helfen. Es ist also auch dann sinnvoll zu meditieren, wenn du es normalerweise nicht tust, aber nun einen entspannten Geist brauchst, weil du in der kommenden Nacht einen Klartraum herbeiführen möchtest.

Es gibt natürlich auch noch andere Möglichkeiten, deinen Geist zu entspannen. Zum Beispiel kannst du das machen, indem du klassische Musik hörst, etwas zeichnest, einen Spaziergang machst oder irgendeiner anderen Aktivität nachgehst, die dich zur Ruhe kommen lässt und entspannt.

Sobald dein Körper und Geist mit Hilfe der oben genannten Aktivitäten entspannt sind, steht deinem Ziel, in der kommenden Nacht einen luziden Traum zu erreichen, nichts mehr im Weg.

SCHRITT 6: NIMM DIR ETWAS BESTIMMTES FÜR DEINEN ERSTEN KLARTRAUM VOR

Zwar kannst du jetzt theoretisch schon damit beginnen, eine Klartraumtechnik anzuwenden, um in der kommenden Nacht luzid zu werden, jedoch solltest du davor noch eine Sache erledigen. Überlege dir schon mal im Voraus, was du in deinem luziden Traum machen wirst. Das erhöht nämlich die Wahrscheinlichkeit, dass dein luzider Traum auch eine längere Zeit hält.

Stell dir vor, du schaffst es mit Hilfe einer der Klartraumtechniken, einen luziden Traum herbeizuführen. Du erkennst deine Traumzeichen und machst ein paar Reality-Checks. Dadurch stellst du fest, dass du tatsächlich träumst und nicht wach bist. Du freust dich riesig darüber, dich endlich in deinem ersten Klartraum zu befinden. Und was jetzt? Was wirst du jetzt mit diesem Klartraum anfangen? Was wirst du als Erstes tun und was machst du danach?

Vielleicht denkst du dir, dass du das ja auch sehr spontan entscheiden kannst. Natürlich kannst du das machen. Ich würde dir jedoch empfehlen, das erst zu tun, wenn du ein paar Erfahrungen im Bereich des luziden

Träumens gesammelt hast und nicht erst ein Anfänger bist. Denn als Anfänger wirst du wahrscheinlich so aufgewühlt und erfreut darüber sein, dass du endlich einen Klartraum erlebst, dass du ironischerweise nicht mehr klar denken können wirst. Deswegen wird dir auf die Schnelle auch keine sinnvolle Aktivität einfallen, der du nachgehen könntest.

Das klingt erst mal relativ harmlos, könnte aber tatsächlich zum Problem werden. Wie du ja bereits weißt, ist eine der Möglichkeiten, einen Klartraum zu beenden, ihn nicht mehr zu beachten und nichts mehr zu unternehmen. Je weniger du in einem luziden Traum unternimmst und je weniger Interesse du an ihm hast, desto mehr Chancen gibt es, dass der luzide Traum bald verblasst und somit auch endet.

Und genauso ist es ja auch andersrum. Je interessierter und vor allem auch aktiver du in einem Klartraum bist, desto klarer wird er auch und desto länger bleibt er bestehen. Durch deine Unternehmungen in dem Klartraum, stärkst du diesen automatisch.

Aus diesem Grund ist es also auch so wichtig, dass du schon vor dem Schlafengehen weißt, was du machen wirst, wenn du es schaffst, einen luziden Traum herbeizuführen. Denn wenn du das nicht tust, kann es sein, dass du, nachdem du luzid geworden bist, ratlos dastehst und nicht weißt, was du nun mit dem Klartraum anfangen sollst. Dadurch wird der luzide Traum dann immer unklarer, bis er sich schließlich komplett auflöst.

Am besten nimmst du dir mehrere Dinge vor, damit dir im Klartraum die Aktivitäten nicht so schnell ausgehen. Du solltest dich aber auf keinen Fall unter Druck setzen, wenn du es nicht schaffst, alle dieser Dinge umzusetzen. Selbst wenn du nur den ersten Punkt auf deiner Liste erfüllst, ist das überhaupt nicht schlimm. Diese Liste soll dir lediglich dazu dienen, im Notfall noch ein paar Unternehmungen parat zu haben. Das bedeutet aber nicht, dass du alles, was auf dieser Liste steht, auch erfüllen musst.

Nachdem du dir einige Unternehmungen für deinen ersten luziden Traum herausgesucht hast, kannst du endlich mit dem Klarträumen losgehen.

SCHRITT 7: FÜHRE EINEN KLARTRAUM HERBEI

„Führe einen Klartraum herbei." Das hört sich einfacher an, als es in Wirklichkeit ist. Wenn man mal eben so einen luziden Traum herbeiführen könnte, dann wären die letzten sechs Schritte ja gar nicht nötig gewesen. Und doch ist das Herbeiführen eines Klartraums nicht unmöglich. Es bedarf einfach nur ausreichend Geduld. Denn das ist der Schlüssel zum Erfolg.

Wenn du nun also mit einer der Klartraumtechniken beginnst, solltest du dir diese Tatsache nochmal vor Augen führen. Das ist deshalb so wichtig, weil es sonst sein kann, dass du viel zu schnell aufgibst. Wir wollen immer alles sofort haben und dass alles immer direkt so funktioniert, wie wir es gerne hätten. Aber so läuft das leider nicht. Um ein großes Ziel, das wir uns gesetzt haben, zu erreichen, brauchen wir sehr viel Durchhaltevermögen und vor allen Dingen Geduld. Wer keine Geduld aufbringt, der hat quasi schon verloren.

Sei dir also dessen bewusst, dass es sehr wahrscheinlich ist, dass du nicht direkt in der ersten Nacht, in der du eine Klartraumtechnik anwendest, auch wirklich einen Klartraum bekommen wirst. Und auch nicht in der zweiten, dritten oder vierten Nacht. Natürlich gibt es immer wieder Ausnahmen und natürlich gibt es Menschen, bei denen es tatsächlich direkt bei ihrem ersten Versuch funktioniert. Ausnahmen bestätigen ja schließlich die Regel. Aber sie sind und bleibt nun mal trotzdem Ausnahmen.

Sei also nicht enttäuscht, wenn du es anfangs nicht schaffst, einen luziden Traum zu erleben. Bei unserer Zielsetzung spielt unser Mindset eine sehr große Rolle. Wenn du also enttäuscht bist, an deinem Ziel, irgendwann einen luziden Traum zu erleben zweifelst und dir Sätze durch den Kopf gehen wie: „Das wird doch eh nichts. Ich werde es sowieso nicht schaffen. Ich werde niemals einen luziden Traum herbeiführen können“, dann wird das sehr wahrscheinlich auch der Fall sein.

Versuche also, optimistisch zu bleiben. Natürlich ist das nicht so einfach, wenn man immer wieder scheitert. Aber probiere doch mal, das Scheitern nicht als Scheitern zu betrachten, sondern sieh es als Teil des Wegs zum luziden Traum. Wenn dein Mindset stimmt, dann wirst du auch früher oder später einen Klartraum erleben.

Ich würde dir empfehlen, erst mal mit der MILD-Technik und der WILD-Technik zu beginnen. Das sind die zwei beliebtesten Klartraumtechniken und vor allem für Anfänger sehr gut geeignet. Aber auch hier gilt natürlich: Keine Regel ohne Ausnahme. Es kann nämlich sein, dass dir beide Techniken einfach nicht gefallen und du das Gefühl hast, dass sie nicht zu dir passen. Dann kannst du dich natürlich auch schon relativ am Anfang an eine andere Technik trauen. Gib aber erst mal der MILD-Technik und der WILD-Technik zumindest eine Chance. Nach einer einzigen Anwendung wirst du nicht schon die Technik dafür verantwortlich machen können, dass du keinen luziden Traum hattest.

Doch egal für welche Methode du dich letztendlich entscheidest. Es gibt eine Sache, die du immer bedenken musst: Führe dir deine Ziele und dein Vorhaben immer wieder erneut vor Augen. Eine Klartraumtechnik verliert ihren Sinn, wenn du sie einfach so machst, ohne deine Konzentration auf den Gedanken zu lenken, dass du in der kommenden Nacht einen luziden Traum erleben willst. Das klingt erst mal ja ganz logisch, kann jedoch trotzdem sehr schnell mal vergessen werden. Achte also darauf, dass dir das nicht passiert.

Die wichtigsten Punkte nochmal zusammengefasst:

- Achte darauf, dass dein Mindset stets positiv ist und du optimistisch an die Sache rangehst.
- Ärger dich nicht darüber, wenn es etwas länger dauert, bis du deinen ersten luziden Traum herbeiführst.
- Sei geduldig.
- Finde heraus, welche Technik bei dir am besten funktioniert und profitiere davon.
- Vergiss nicht, dir immer deiner Ziele bewusst zu sein.

Wenn du dich an diese Punkte hältst, dann wird es nicht mehr lange dauern, bis du deinen ersten Klartraum erlebst.

SCHRITT 8: HALTE DEINE ERGEBNISSE FEST

Wenn du es irgendwann geschafft hast, deinen ersten luziden Traum herbeizuführen, dann gilt für diesen luziden Traum das Gleiche wie für all deine gewöhnlichen Träume: Du musst ihn aufschreiben. Und das machst du am besten noch detaillierter, als bei allen anderen Träumen. Wir lernen nämlich am besten, wenn wir uns unserer Fehler bewusst werden, sie uns eingestehen und versuchen, die gleichen Fehler nicht nochmal zu machen.

Das gilt natürlich auch für das luzide Träumen. Denn nachdem du deinen ersten Klartraum hattest, kannst du nicht einfach die Füße hochlegen und davon ausgehen, dass du das von nun an beherrschst und ab jetzt keine Schwierigkeiten mehr haben wirst, einen luziden Traum herbeizuführen. Die Vorstellung ist zwar sehr schön, entspricht jedoch leider nicht der Realität. Diese sieht nämlich so aus, dass du zwar einmal Erfolg hattest, dass aber nicht heißen soll, dass du immer Erfolg haben wirst. Erst recht nicht, wenn du nichts mehr dafür machst.

Beim luziden Träumen ist es gar nicht so einfach, herauszufinden, an welchen Stellen es noch Verbesserungsbedarf gibt und welche Fehler man gemacht hat.

Deswegen ist es eine große Hilfe, seine Klarträume niederzuschreiben. So hat man nämlich das Erlebte schwarz auf weiß und kann leichter feststellen, was man noch so alles verbessern könnte.

Während du beim alltäglichen Führen deines Klartraumtagebuchs nur deine Träume aufschreibst, solltest du bei einem luziden Traum auch den gesamten Prozess berücksichtigen und festhalten. Wie hast du dich auf den luziden Traum vorbereitet? Welche Entspannungsmethoden hast du für deinen Körper und deinen Geist diesmal verwendet? Für welche Technik hast du dich entschieden? Hast du dir etwas Bestimmtes für deinen luziden Traum vorgenommen und hast du es geschafft, diese Dinge auch wirklich umzusetzen?

Schreibe jeden Schritt, den du zum Erzielen eines luziden Traums gemacht hast, auf und überlege, an welchen Stellen etwas nicht so funktioniert hat, wie du es dir gewünscht hättest und woran das liegen könnte. Was kannst du machen, damit ein bestimmter Schritt das nächste Mal besser funktioniert?

Je intensiver du dich mit deinen luziden Träumen beschäftigst und je besser du sie analysierst, desto mehr Dinge, die noch verbessert werden können, wirst du dadurch herauskristallisieren. Dadurch wirst du von Mal zu Mal ein immer erfolgreicherer Klarträumer und jedes Mal weniger Schwierigkeiten damit haben, einen luziden Traum zu erzielen und ihn so zu erleben, wie du willst.

Am besten besorgst du dir für das Aufschreiben deiner luziden Träume, ein separates Traumtagebuch, das nicht nur dem bloßen Aufschreiben deiner Klarträume dient, sondern auch dem Analysieren und Verbessern deiner Methoden zum Herbeiführen luzider Träume.

SCHRITT 9: TRAU DICH, NEUE METHODEN AUSZUPROBIEREN

Wenn wir einmal etwas geschafft und ein bestimmtes Ziel erreicht haben, dann klammern wir uns daran fest und trauen uns nicht, einen Schritt weiterzugehen. Wir denken uns: „Es klappt doch alles grad ganz gut, so wie es ist. Wieso sollten wir dann etwas daran ändern?"

Wir begeben uns in unsere Komfortzone und wollen diese nicht mehr verlassen. Aber egal wie zufrieden wir momentan sind, das wird nicht lange anhalten, wenn wir uns nicht weiterentwickeln. Alles verändert sich immer. Es gibt keinen Stillstand. Also sollten wir auch nicht versuchen, diesen zu erzielen. Selbst wenn du mit dem Punkt, an dem du dich mit dem luziden Träumen momentan befindest, sehr zufrieden bist, gibt es trotzdem immer Raum für Veränderung und vor allem für Verbesserung.

Es ist ja schön und gut, dass zum Beispiel die WILD-Methode super bei dir funktioniert. Aber ist das auch wirklich ein Grund, um allen anderen Methoden keine Chance mehr zu geben? Ich denke nicht. Allein schon die Tatsache, dass ein luzider Traum anders erlebt werden kann, wenn er durch eine andere Technik herbeigeführt wird, ist doch ein guter Grund, um neugierig zu werden und sich auch mal an neue Techniken zu wagen.

Wenn du einen luziden Traum mit Hilfe der MILD-Technik herbeiführst, fühlt er sich zum Beispiel anders an, als wenn du das mit Hilfe der WILD-Technik machst. Bei der MILD-Technik ist der luzide Traum in den meisten Fällen stabiler und einfach klarer. Dafür ist es etwas schwieriger, ihn zu kontrollieren. Bei der WILD-Technik fällt einem die Kontrolle über den luziden Traum hingegen leichter. Dafür ist er aber nicht so klar wie ein MILD-Traum. Die Wahrscheinlichkeit, dass er sich wieder auflöst oder dass man aufwacht, ist bei der WILD-Technik höher.

Es lohnt sich also wirklich, alles mal auszuprobieren und nicht darauf zu beharren, die perfekte Technik gefunden zu haben und nichts mehr daran ändern zu wollen.

Wenn du kreativ bist, dann kannst du sogar selber neue Klartraumtechniken erfinden und ausprobieren. Vielleicht fällt dir ja eine Methode ein, die du bisher noch nicht kanntest, die bei dir aber super funktioniert, um einen luziden Traum herbeizuführen.

Das „sich neue Dinge trauen" bezieht sich jedoch nicht nur auf die Klartraumtechniken, sondern auf alles, was zum luziden Träumen dazugehört. Angefangen bei der Art und Weise, dein Tagebuch zu führen und dem Setzen neuer Ziele, über verschiedene neue Entspannungsübungen, bis hin zu den Unternehmungen, die du in einem Klartraum machen möchtest. Deiner Kreativität sind keine Grenzen gesetzt. Also trau dich, deine Komfortzone zu verlassen.

Das schlimmste, was dabei passieren kann ist, dass dir die neuen Dinge nicht gefallen oder nicht bei dir funktionieren. In diesem Fall kannst du ja einfach wieder auf die Dinge zurückgreifen, die klappen. Du hast also nichts zu verlieren und im besten Fall gewinnst du sogar neue Erkenntnisse, effektive Techniken und tolle Klartraumerlebnisse dazu.

Außerdem sorgst du für etwas mehr Abwechslung in deinem Hobby. Ein Klavierspieler spielt auch nicht sein Leben lang das gleiche Stück. Das würde ziemlich schnell sehr langweilig werden und dem Klavierspieler den Spaß an seinem Hobby rauben. Das Gleiche kann natürlich auch dir mit dem luziden Träumen passieren, wenn du nicht für Abwechslung sorgst. Und so wird etwas Spannendes und Wundervolles, zu etwas Alltäglichem Langweiligem. Das wäre wirklich sehr schade. Versuche also, das nicht passieren zu lassen.

Das gilt übrigens nicht nur für die Techniken, die du in einem luziden Traum anwendest, sondern auch für den Inhalt deiner Klarträume. Bewege dich auch in deinen Träumen aus deiner Komfortzone heraus und stell dich neuen Herausforderungen. Wolltest du schon immer mal eine Reise durch Asien machen, hattest aber bis jetzt noch nicht die Gelegenheit dazu? Dann lass dich von verschiedenen Bildern inspirieren und bau dir doch einfach dein eigenes Asien. Reise in jedem luziden Traum ein Stückchen weiter und erlebe ein unvergessliches Abenteuer.

Nimm dir also auch neue und größere Projekte in deinen Klarträumen vor und sorge dafür, dass es sich jedes einzelne Mal lohnt, einen luziden Traum herbeizuführen.

SCHRITT 10: NIMM DIE SACHE NICHT ZU ERNST

Nicht selten neigen wir dazu, uns in irgendwelche Dinge hineinzusteigern. Wir sind oft kleine Perfektionisten und alles muss immer nach Plan laufen. Aber so läuft das Leben meistens nun mal nicht und das ist auch gut so. Wie langweilig wäre es denn, wenn es niemals Hindernisse zu überwinden gäbe oder Überraschungen. Unvorhergesehene Ereignisse müssen natürlich nicht immer gut sein, aber sie sorgen für ein wenig Abwechslung in unserem Leben und machen dieses um einiges spannender.

Je nachdem, worum es geht, gibt es entweder schwere Folgen, wenn etwas überhaupt nicht nach Plan läuft oder eben gar keine. Letzteres ist beim luziden Träumen der Fall. Denn wenn da etwas nicht nach Plan läuft, dann ist die einzige Folge, dass es eben nicht nach Plan läuft. Es ist also nicht weiter schlimm, wenn du ein bestimmtes Ziel nicht zu dem Zeitpunkt erreicht hast, zu dem du es erreichen wolltest. Es ist auch nicht schlimm, wenn du in einem Klartraum im Endeffekt etwas komplett anderes machst, als das, was du dir ursprünglich eigentlich vorgenommen hattest.

Natürlich ist es schön, seine Ziele zu erreichen, aber versuch doch mal, das Ganze in Bezug auf das luzide Träumen, etwas lockerer zu nehmen. Ziele können sich nämlich auf dem Weg dorthin auch wieder ändern. Vielleicht kommst du irgendwann an eine Kreuzung, bei der du eigentlich nach rechts abbiegen müsstest, um an dein Ziel zu kommen, der Weg geradeaus gefällt dir aber viel besser. Dann geh diesen Weg. Und wenn er dir doch nicht gefällt, dann kannst du ja immer noch wieder zurücklaufen und den ursprünglichen Weg nehmen.

Generell solltest du niemals nur aus dem Grund ein Ziel verfolgen, um dieses zu erreichen, sondern weil du Spaß an dem Weg dorthin hast. Wenn der Weg dir keinen Spaß macht, dann verliert auch das Ziel seinen Wert. Das gilt auch für das Klarträumen. Und da das luzide Träumen ja letztendlich nur ein Hobby ist, sollte Spaß beim Praktizieren des luziden Träumens, an oberster Stelle stehen.

Lass dich also bitte nicht von irgendwelchen unerreichten Vorsätzen und Zielen runterziehen. So nimmst du dir nämlich selber den Spaß an dem luziden Träumen. Sieh deine Ziele als Orientierungshilfe und ändere sie, sobald du merkst, dass sie doch nicht so einfach oder so schnell zu erreichen sind, wie du es ursprünglich gedacht hast.

Bleib entspannt, geduldig und nimm das luzide Träumen nicht zu ernst. Luzide Träume sind im Endeffekt auch einfach nur Träume. Also nichts, worüber man sich den

Kopf zerbrechen sollte. Und je lockerer du bleibst, desto wahrscheinlicher ist es, dass du deine Ziele auch erreichst. Wer total angespannt nur darauf aus ist, endlich das zu bekommen, was er will, der wird es nicht bekommen. Wer hingegen das Leben nicht zu ernst nimmt und sich nicht in Sachen reinsteigert, der wird dafür vom Leben belohnt.

Ist das luzide Träumen das Gleiche wie eine Astralreise?

Vielleicht hast du schon mal von den Astralreisen gehört. Und wenn nicht, dann wirst du das spätestens dann tun, nachdem du dich eine Weile mit dem luziden Träumen beschäftigt hast. Denn je mehr man sich mit dem Klarträumen auseinandersetzt, desto häufiger stößt man auf den Begriff „Astralreise". Irgendwann geht man einfach davon aus, dass Astralreise einfach nur ein anderes Wort für das luzide Träumen ist. Doch das stimmt nicht. Astralreise ist kein Synonym für

Klartraum. Damit für dich also keine Verwechslungsgefahr mehr besteht, erkläre ich dir nun, welche Unterschiede es zwischen dem luziden Träumen und den Astralreisen gibt.

Während ein Klartraum, wie der Name schon sagt, einfach nur ein Traum ist, bei dem man weiß, dass man träumt und seine Umgebung klarer und bewusster wahrnimmt, ist eine Astralreise viel mehr als das. Bei einer Astralreise handelt es sich nämlich um eine außerkörperliche Erfahrung. Du hast bestimmt schon mal von irgendwelchen Geschichten gehört, bei denen eine Person eine Nahtoderfahrung hatte und dabei aus ihrem physischen Körper austreten konnte. Sie konnte die Situation von außen betrachten, ihren physischen Körper liegen sehen, die Umgebung ganz klar wahrnehmen und Gespräche mitverfolgen. Als diese Person später ihren Mitmenschen davon erzählte, stimmte das, was sie gesehen und gehört hat, mit der Realität überein. Die Person hat also eine Astralreise erlebt.

Doch man muss nicht erst eine Nahtoderfahrung machen, um ebenfalls eine Astralreise zu erleben. Es gibt auch andere Möglichkeiten, um mit seinem Geist für eine Weile aus seinem Körper auszutreten. Intensive Meditation ist zum Beispiel eine Möglichkeit. Dabei gerät man in eine so tiefe Entspannung, dass man irgendwann die Umgebung, in der man sich befindet und seinen eigenen Körper nicht mehr wahrnimmt. Übrig bleibt nur noch der

Geist, mit dem man sich dann selbstständig macht und seinen Körper verlässt.

Bei einer Astralreise träumt man also nicht nur, man würde seinen physischen Körper verlassen und in einen Traumkörper schlüpfen, sondern man macht es wirklich. Nur dass dieser Traumkörper dann ein Astralkörper ist und durch die wirkliche Welt wandert, statt durch eine Traumwelt.

Dementsprechend gibt es bei einer Astralreise also auch nicht die Möglichkeit, seine Umgebung zu verändern, während das bei einem luziden Traum ja sehr wohl möglich ist. Man erschafft sich keine neue Welt, sondern bewegt sich durch die bereits vorhandene. Da einem durch den physischen Körper dann keine Grenzen mehr gesetzt sind, kann man mit seinem Astralkörper sogar durch Wände gehen.

Man kann zwar eine Astralreise nicht so verändern und beeinflussen wie einen luziden Traum, dafür ist eine Astralreise aber auch viel klarer und stabiler, als ein Klartraum. Reality-Checks würden in einer Astralreise nicht funktionieren. Der Finger wird sich nicht durch die Backe bohren lassen und die Digitaluhr wird eine ganz normale Uhrzeit anzeigen, egal wie oft du sie anschaust.

Obwohl ein luzider Traum und eine Astralreise zwei verschiedene Dinge sind, ist es dennoch oft nicht leicht, diese voneinander zu unterscheiden. Es kann nämlich schnell mal passieren, dass man während der Meditation einschläft und in einen durch die WILD-Technik induzierten Traum gleitet. Man denkt dann, man würde eine Astralreise machen, dabei hat man einfach nur einen luziden Traum. Es bedarf also viel Übung, damit einem so etwas nicht passiert und man einen Klartraum von einer Astralreise unterscheiden kann.

Wenn dich das Astralreisen interessiert und du es gerne mal ausprobieren würdest, dann würde ich dir empfehlen, dich erst mal im luziden Träumen zu üben. Eine Astralreise ist dann nämlich der nächste, etwas schwierigere Schritt.

Luzide Träume trotz Schlafstörungen

Schlafstörungen an sich sind ziemlich nervig und vor allem auch sehr ungesund. Sie führen dazu, dass wir uns stundenlang im Bett rumwälzen, uns viel zu viele Gedanken machen, müde sind, aber nicht einschlafen können und am nächsten Tag total unausgeschlafen aus dem Bett steigen müssen.

Wenn du dann auch noch das luzide Träumen lernen willst, dann sind Schlafstörungen noch mehr fehl am Platz, als sie es sowieso schon sind. Denn durch sie sinkt die Wahrscheinlichkeit auf Erfolg, was ziemlich ärgerlich ist. Je länger du zum Beispiel bei der WILD-Technik brauchst, um endlich einzuschlafen, desto ungeduldiger wirst du und irgendwann kannst du dich einfach nicht mehr auf den Gedanken konzentrieren, dein Bewusstsein beim Einschlafen beizubehalten.

Bei der MILD-Technik ist es ähnlich. Zwar führst du den luziden Traum erst herbei, wenn du bereits schläfst, deine volle Konzentration für dein Vorhaben, in der kommenden Nacht luzid zu werden, ist aber dennoch erforderlich.

Es ist also sehr wichtig, dass du etwas gegen deine Schlafstörungen unternimmst. Erstens für das luzide Träumen und zweitens für deine Gesundheit. Deswegen stelle ich dir nun einige Möglichkeiten vor, mit denen du deine Schlafstörungen verbessern könntest.

DIE ERFOLGREICHSTEN MITTEL FÜR EINEN BESSEREN SCHLAF

Beruhigende Pflanzen: Es gibt verschiedene Pflanzen, die eine beruhigende Wirkung auf den Körper und den Geist ausüben. Beispielsweise gehören dazu Rose, Lavendel, Baldrian oder Melisse. Die Wirkung dieser Pflanzen kann dir bei Schlafstörungen sehr helfen. Es gibt verschiedene Möglichkeiten, sich diese Pflanzen nützlich zu machen und von ihnen zu profitieren.

Du kannst zum Beispiel Rosenöl kaufen und ein paar Tropfen davon auf dein Kissen geben. Lavendelöl eignet sich ebenfalls hervorragend dafür. Achte jedoch unbedingt darauf, dass du wirklich reines ätherisches Öl kaufst und keins, das einfach nur parfümiert ist. Denn ein künstlicher Rosen – oder Lavendelduft wird dich nicht schneller einschlafen lassen, sondern dir eher Kopfschmerzen bereiten.

Du kannst natürlich auch ein kleines Lavendelsäckchen kaufen und dir dieses neben dein Kopfkissen legen. In welcher Form du Gebrauch von der beruhigenden Wirkung der Lavendel machst, ist letztendlich egal.

Auch Baldrian funktioniert super bei Schlafstörungen. Diesen findest du zum Beispiel in Tablettenform in jeder Apotheke.

Die Melisse kannst du entweder in Form eines Tees konsumieren oder dir ein Melissenbad machen. Auch hier bleibt es natürlich dir überlassen, was dir lieber ist.

Elektronische Geräte weglegen: Am Handy rumhängen, YouTube-Videos auf dem Laptop schauen oder fernsehen: all das solltest du nicht kurz vor dem Schlafengehen machen. Denn die Strahlung und das Licht dieser Geräte, wird dich in den meisten Fällen nicht müde werden lassen, sondern eher wach machen.

Nimm dir stattdessen lieber ein Buch in die Hand und fang an zu lesen. Denn das wird dich garantiert müde machen und dir dabei helfen, schneller einzuschlafen. Und das ist ja genau das, was du erreichen willst.

Meditation: Meditation ist immer eine gute Möglichkeit, um runterzufahren. Egal, ob du tagsüber Stress hast oder abends einfach nicht einschlafen kannst. Nimm dir also vor, jeden Abend vor dem Schlafengehen ein wenig zu meditieren. Du kannst das Ganze natürlich auch in deinem Bett in Form von einer geführten Einschlafmeditation machen.

Auch hier gilt wie immer: ausprobieren und schauen, was dir besser gefällt und vor allem was dir besser hilft.

Eine Geschichte erfinden: Wenn du vor allem deswegen nicht einschlafen kannst, weil dich viel zu viele Gedanken plagen und davon abhalten, dann versuch es doch mal mit dieser Methode. Denk dir irgendeine Geschichte aus und stell sie dir wie einen Film in deinem Kopf vor.

Du kannst dir zum Beispiel vorstellen, wie du mit deinen Freunden einen Roadtrip machst. Stell dir vor, wie ihr diesen Roadtrip plant, wie ihr ihn in die Tat umsetzt und wie ihr verschiedene Abenteuer erlebt. So schaffst du es nämlich, deine Grübeleien abzulegen und dir keinen Stress mehr zu machen. Du konzentrierst dich nur auf diese Geschichte, die in dir positive Gefühle auslöst und dich glücklich und entspannt werden lässt.

Wichtig ist dabei nur, dass dir die Geschichte wirklich gefällt und du sie selber spannend findest. Denn sonst stempelt dein Gehirn die Geschichte als unwichtig ab und kehrt wieder zurück zu den alten Grübeleien.

Wenn dir keine Geschichte einfällt, dann kannst du alternativ auch ein Hörbuch zum Einschlafen hören und dir die Geschichte somit von jemand anderem erzählen lassen.

Wenn deine Schlafstörungen wirklich schlimm sind und dir keins der oben genannten Mittel dabei helfen kann, besser einzuschlafen, dann solltest du dich an einen Arzt oder Psychotherapeuten wenden, da deine Schlafstörungen dann sehr wahrscheinlich eine tiefergehende Ursache haben, als einfach nur ein bisschen zu viel Stress.

Werde ein Klarträumer!

Du weißt nun alles, was zum Erlernen des luziden Träumens wichtig ist. Du kennst seine Hintergründe, weißt, welche Techniken es zum Herbeiführen eines Klartraums gibt, worauf du alles achten musst, wenn du dich an das luzide Träumen heranwagst und wie du die Herausforderung, ein erfolgreicher luzider Träumer zu werden, am besten angehst.

Ich hoffe, aus den vielen Beweggründen, die es gibt, um das Klarträumen zu erlernen, konntest du einige herauskristallisieren, für die es sich lohnt, es tatsächlich zu versuchen. Und selbst, wenn dieser Beweggrund lautet, mehr Spaß im Leben zu haben. Allein dafür lohnt sich die luzide Welt auf alle Fälle schon.

Jetzt, da du ausreichend Wissen erlangt hast, geht es darum, dieses Wissen in die Tat umzusetzen. Denn allein durch das Wissen, wirst du leider keinen luziden Traum herbeiführen können. Also zögere nicht lange und fang damit an, dein Leben ins positive zu verändern und mit dem luziden Träumen zu beginnen und lass deiner Kreativität freien Lauf.

Ich wünsche dir viel Erfolg bei deinem Weg zum luziden Träumen. Ich hoffe, auch du wirst von dieser unglaublich bereichernden Fähigkeit profitieren können und sie lieben lernen.

Fliege durch die Welt, erschaffe neue Dimensionen, reise ans andere Ende des Planeten oder durch die Zeit, triff deinen Traumpartner, schwimme mit Haien, überwinde deine Albträume, löse deine Probleme und bereichere einfach nur dein Leben mit Hilfe des luziden Träumens.

Werde ein Klarträumer!